台南

TAINAN

「日本」に出会える街

一青妙
Hitoto Tae

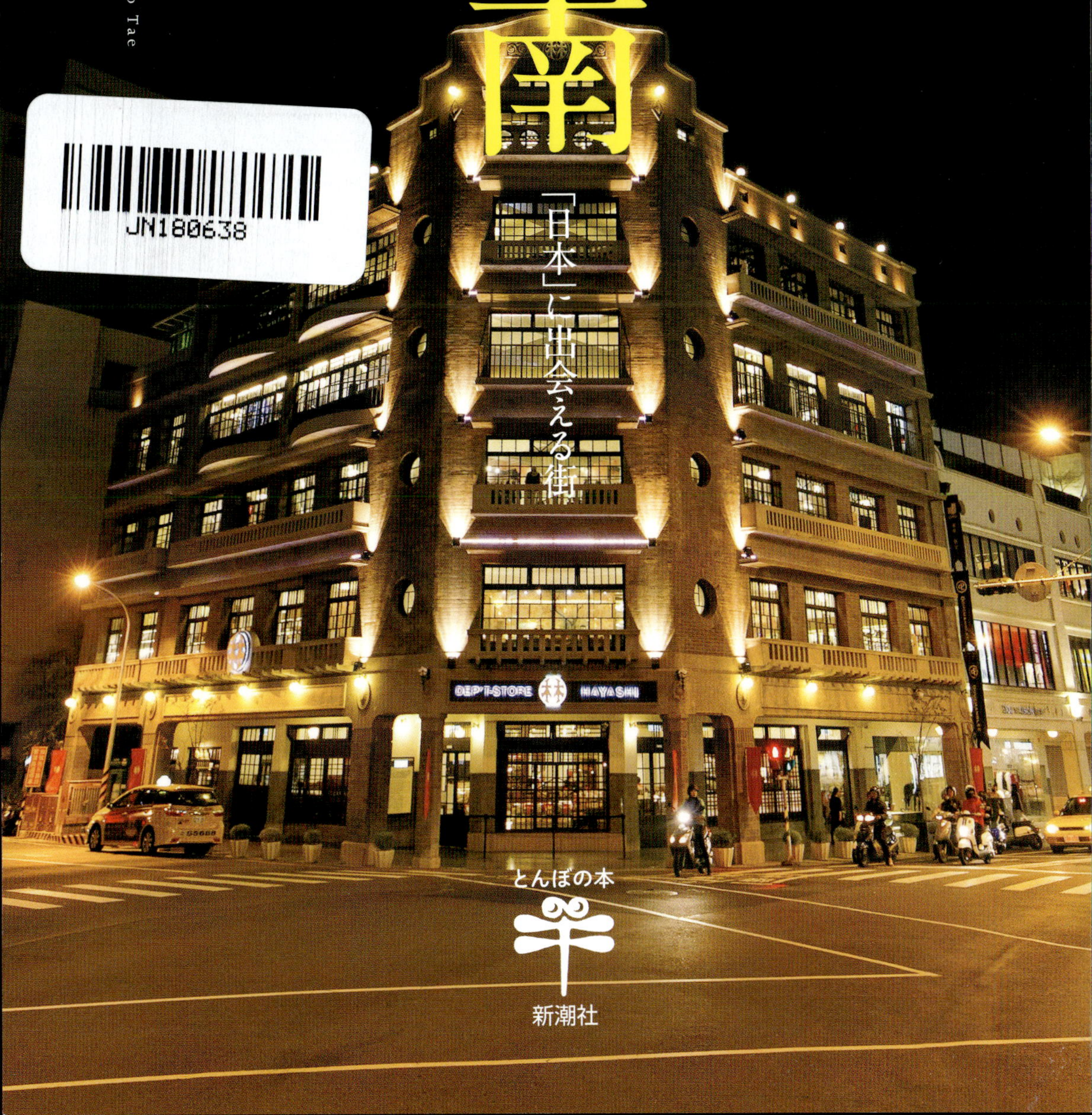

とんぼの本
新潮社

台南
「日本」に出会える街

目次

＊本文中の固有名詞の読み方は原則として中国語の発音に基づくが、一部は現地で使われている台湾語の発音を用いた。また、価格情報は2016年9月現在のものとする（1元≒3.2円）。

まえがき

台南という土地に通い始めて、なんだかんだで、もう5年ぐらいになる。

最初は、台湾新幹線の台南駅と、在来線の台南駅の違いすらわからなかった私だが、いまでは目を閉じても市内の道の名前やお店の場所がすらすらと思い浮かべられるようになった。バイクに乗って、まるで台南人のように裏道をすいすいと走っている。道を歩いていると、知り合いから「阿妙《アーミャオ》（妙ちゃん）！」と声をかけられるようにもなった。なかには、会ったことがない人から「久仰大名《チウヤンターミン》（お会いしたかった）！」とサインを求められることもある。

最近では、「明日、台南のカフェで会わない？」「週末に正興街《チョンシンチエ》でイベントがあるから遊びにきて」などと、私が台南に住んでいると思い込んでいる台南の友人から連絡がひんぱんに入ってくる。

2015年の秋に「台南市親善大使」に任命された。イベントが続くときは、帰国後1週間も空けずに東京から台南に向かったこともある。台南の友人から「まだいたの？」と言われたくらいだから、台南で暮らしていると思われても仕方がない。

台南は私に合っている。一年を通して温暖な気候のおかげで、持病の肩こりが軽減する。台湾一おいしいといわれる小吃《シアオチー》（屋台料理）を堪能できる。人情味あふれる台南の友人からスローライフも学んだ。

台南は私にとって「第二の故郷」になった。そのなかで、最近特に興味を持っているのが台南の「街並」についてだ。

台南の街並はぐちゃぐちゃしている。廟の横に新しいマンションが建ち、立派な中国の伝統建築の三合院のそばにはバラック小屋が点在している。

街並だけではない。幹線道路は整備されているが、一本裏通りに入ると、道なのか何なのかよくわからないくねくねした路地が続く。目的地は目と鼻の先なのに、行き止まりにぶつかってしまう。そうかと思えば、突如、妙にすてきな建造物やお店が現れる。「えっ、なんでこんなところに？」という意外性があちこちに散らばっているから、なおさら面白い。

　建物の様式もてんでバラバラだ。夏の暑い日、日陰に入りたくて立ち寄った軒先は、１００年以上前の日本統治時代に建てられた白亜の洋館だった。バイクを停めた空き地の壁は、２００年以上前のレンガが積み上げられ、向かいには瓦屋根の木造平屋が建っていた。安平の街や赤崁樓の周辺を歩くと、和洋折衷の家屋が突如現れることもある。

　しかし、道路も建造物もお店も、「台南」という大きな箱のなかに入ってしまうと、どうしてだか分からないが、「台南らしさ」の一部になって、調和が取れるのである。ファッションに例えるなら、ストライプに花柄と水玉模様を合わせたら、とんでもないものになりそうに思えるが、オシャレ上級者が着こなすと、独創的に見えてしまうのと似ている。

　独特の雑多さのなかの調和が、台南のノスタルジーあふれる雰囲気をかもし出し、台南の魅力をさらに強いものとしている。

　台湾の歴史は、台南から始まった。台湾が歴史に登場する１６００年代、オランダ人は安平など台南市内にレンガ造りの要塞や城を建てた。清朝時代に城門ができ、中華風の廟や店舗が林立した。日本時代に入ると、放射線状に道路が敷かれ、木造瓦屋根の日本家屋と日本で流行っていた洋風建築が加わった。

　大きな建物から小さな店舗まで、各時代に建てられた建造物は修復を重ねながら、いまもちゃんと台南に残る。日本人として、今度は台南の建築について書きたいと思い、この本につながる取材を始めた。

　ところが、最初から難問にぶつかった。それは「日式建築」という言葉だった。

「這是日式建築《チョーシーリーシーチエンチュー》（これは日本式建築です）」と言われ、紹介されたのは、国立台湾文学館や知事官邸、台南駅舎だった。「すごいですね」とうなずきながら、いまひとつ違和感があった。日式＝日本式ならば、白川郷にある茅葺き屋根を持つ家や、老舗温泉旅館のような瓦屋根の木造平屋のイメージだが、目の前にあるのは、明らかに西洋式の建築だからだ。

　これが日式なの？

　それは、日本の近代建築の歴史から考えないと理解できない問題だった。明治維新の際、近代化を掲げた日本では、西洋の建築を学んだ日本人建築家やヨーロッパから招聘した建築家を重用した。鹿鳴館に象徴される西洋建築が一世を風靡する。台湾を統治した日本は、日本同様に、台湾に大量の西洋建築を持ち込んだ。台湾人の指す「日式建築」とは、普通に思い浮かべる木造の純和風の建築ではなく、日本時代に建てられた建物全体を示しているのだった。

50年間の統治の間に、日本人は様々な建造物を建てた。バロック様式の建物が連なる通り、陸軍の元宿舎、砂糖工場の倉庫、武徳殿、学校など、木造からコンクリート造まで、実は、日式建築はいろいろある。

そんな背景を知ったうえで、台南の「日式建築」を一つひとつ丁寧にながめていると、当時の日本人が何を考え、何をしようとしていたのかを考える手がかりとなり、背後にある日本と台湾の物語が浮かび上がってくる。まるで飛び出す歴史の絵本を開いているような気分になった。

４００年の歴史が重層する台南の街は、実に文化豊かな場所だ。台南の建造物を訪れ、人と語り合うことで、台湾の歩んで来た歴史を肌で感じ、理解することができるのだから、台南はまるで歴史散歩の宝箱のような街だとも言える。

さらに私が感心するのは、台南の人々の日式建築に対する向き合い方だった。古い民家の壊れている部分を補強し、原状回復させるような保存にとどまらず、台湾人的なデザインやテイストを加え、今の生活にフィットする形へ進化させている。

２０１８年、台南市の中心には、日本人建築家・坂茂が設計する台南美術館が完成する予定になっている。建設予定地は、日本時代に北白川宮能久親王を主祭神とする台南神社があった場所である。そんな場所に、日本人が設計した建造物がまた建つところに、台南の懐の深さを感じる。

台南にある日本時代の建築を通し、いまの台湾人の考えが見えてくる。それは、これまで多くの文化をうまく受け入れてきた台湾の智慧であり、彼らの「しなやかなたくましさ」なのではないだろうか。

本書は「日式建築」を中心とする本ではあるけれど、内容は建築だけにはとどまらない。なぜなら、建築は決して孤立した存在ではなく、一つの街を形成していく起点になっているので、その周辺には、さまざまな魅力的なお店や観光地も集中しているからだ。

この本を手に取った方には、建築と一緒に文化やグルメ、レジャーも楽しんでもらいたい。そして、台南をもっとディープにとことん楽しむ新しい方法を手に入れてもらいたい。

嘉義県
白河區
白河（蓮の故郷）
關子嶺温泉
東山
（鴨頭、コーヒー、龍眼の産地）
曾文水庫
東山區
西口小瑞士
（P91）
楠西區
亀丹温泉
玉井
（拡大図P92）
玉井區
南化區
南化水庫
高雄市
台湾全図
N
50km
台湾桃園国際空港
台北松山空港
基隆
台北
台湾海峡
台灣高鐵
中山高速公路
台中
彰化
日月潭
澎湖諸島
嘉義
阿里山
北回帰線
嘉南平原
台南
台南全図
台南空港
台東
高雄
高雄国際空港
太平洋

台南全図
N
5km
後壁
(P61)
後壁區
烏樹林休閒文化園區
(P60)
鹽水
(拡大図P124)
新營區
新營
新營鐵道文化園區
(P52)
台灣高鐵
鹽水區
柳營
縱貫鐵路
柳營區
北門井仔腳瓦盤鹽田
(P121)
北門區
中山高速公路
學甲區
林鳳営
(P52)
下營區
六甲區
烏山頭水庫風景區
八田與一記念公園
(P91)
烏山頭水庫
將軍區
總爺藝文中心
(P54)
台湾海峡
隆田
官田區
佳里區
麻豆
(拡大図P56)
麻豆區
蕭壠文化園區
(P57)
拔林
善化糖廠
(P62)
七股鹽山
台灣鹽博物館
(P116)
善化胡家里彩繪村
(P63)
善化區
善化牛墟
(P63)
善化
福爾摩沙高速公路
大內區
七股區
西港區
台南水道
(P96)
台　南　市
安定區
山上區
新市區
新市
左鎮區
安南區
飛虎將軍廟
(P91)
新化老街
(P99)
永康
四草大衆廟
(P80)
大橋
北區
永康區
新化區
中西區
安平
(拡大図P9)
台南
安平區
台南市街
(拡大図P10)
東區
南區
關廟區
台南空港
仁德區
歸仁區
龍崎區
關廟
(パイナップルの産地)
十鼓仁糖文創園區
(P58)
保安
仁德
高鐵台南
中洲
奇美博物館
(P59)

台南市街図
N
200m
台南市街拡大図 P.10
321巷藝術聚落
(日式宿舍群)
衛屋茶事
鹿早茶屋
村落裡
KADOYA
成功大學力行校區
花園夜市
(木・土・日)
小北成功夜市
(火・金)
旗哥牛肉湯
阿安牛肉湯
武聖夜市
(水・土)
兌悦門
薬王廟
北區公所
大觀音亭
西門圓環
石精臼市場
赤崁樓(羽鳥市長の銅像)
大天后宮
祀典武廟
西市場
湯德章
紀念公園
台灣府
城隍廟
康樂市場
(沙卡里巴)
中西區公所
中西區
小西門
ロータリー
伝統家屋
蘇氏五間厝
運動公園
孔子廟(明倫堂)
延平郡王祠
水萍塭公園
奇美醫院
台南分院
國立台南
大學
台南女中
仁村醫院
城南舊肆
(古本屋)
五妃廟
台南市立棒球場
水交社公園
台南市立體育公園
台南公園
台南駅
台南観光
インフォメーション
センター
新光三越
シャングリ・ラ ファーイースタン
プラザホテル台南
鳳凰花が多い
成大醫院
歴史文物館
巨大
ガジュマル
成功大學
成功大學
博物館
学生の食堂街
貸しバイク屋
(機車出租)
台南廳長官邸
(2017年オープン予定)
新心藝術館
彌陀寺
大東門
東門圓環
誠品書店
大東夜市
(月・火・金)
東區
縦貫鐵路
台南市
政府廣場
台南市議會
臺邦商旅
中華西路一段
和緯路四段
武聖路
文賢路
海安路三段
小北路
開元路
臨安路二段
西門路三段
公園北路
東豐路
北門路二段
長榮路四段
小東路
公園南路
前鋒路
臨安路一段
康樂街
海安路二段
自強街
忠義路三段
文賢路
民族路三段
成功路
中華西路二段
金華路四段
神農老街
民權路三段
民生路二段
國華街三段
大學路西段
育樂街
民生路二段
新美街
民族路二段
公園路
正興街
民權路二段
中山路
民族路一段
長榮路三段
民生路一段
康樂街
西門路二段
中正路
永福路二段
忠義路二段
府前路二段
北門路一段
前鋒路
青年路
勝利路
東寧路西段
民權路
金華路三段
大勇街
海安路一段
東榮街
慶東街
新樓街
長榮路二段
永華路一段
府前路一段
永華路一段
西門路一段
和意路
文南路
永福路一段
南門路
大同路一段
慶東街
府連路
樹林街一段
東門路二段
府東街
建南路
忠義路一段
國華街一段
金華路二段
夏林路
府連路
五妃街
林森路一段
健康路二段
健康路一段
大同路二段
崇德路
南門路
新興路
夏林路
新建路3巷
大成路二段
大成路一段
新興路
永成路三段
西門路一段
國民路
新和東路
新建路
中華南路一段
生產路
中華西路一段2巷

府安路七段
大興街
鹽水溪
和緯路五段
機車専用道
Tainan Tour Bike
(公営レンタサイクル)
西賢五街
華平路
湖美街
夕遊出張所
古堡街
中興街
安北路
民權路四段
安北路
安平路
大平路
文章牛肉湯
周氏蝦捲(總店)
民權路四段
安平拡大図
台南運河
安平路
慶平路
建平十七街
安平港
運河路
漁人碼頭
慶平路
札哈木原
住民公園
國平路
華平路
建平十一街
林默娘公園
安億路
慶平海産
安平區公所
平通路
怡平路
安平區
健康三街
平通路
永華路二段
建平八街
光州路
平豐路
育平路
台南市立醫院
安平門診部
永華路二段
郡平路
建平七街
壘球場
郡平路
億載金城
中山慢速壘球場
文平路
府平路
國平路
府平路
華平路
誠品書店
健康一街
建平路
建平三街
海濱秋茂園
漁光島
健康路三段
安平樹屋／徳記洋行
同棧設計旅店
安平拡大図
N
50m
騎晴單車
(レンタサイクル)
茂記安平黑豆花大王
同記安平豆花
小遊龍自行車
(レンタサイクル)
安北路
安北路
蚵灰窯
民權路四段
良食草堂
夕遊日式宿舍
國勝路
東興洋行
安北社區
中興街
安平古堡(ゼーランディア城)
安平古堡
史蹟公園
海山館
熱蘭遮城博物館
旗跑(チャイナドレスレンタル店)
平生路
安平市場
丸奇號
(カラスミ)
安北路
古堡蚵仔煎
林永泰興蜜餞
效忠街
安平開台天后宮
陳家蚵捲
正合興蜜餞
延平老街
安平
インフォメーションセンター
觀音亭
安平劍獅埕
安平路
古堡街
石門國小
中興街
安平路
內湖一街
両脇に海鮮屋台がある
妙壽宮
路平安
運河路
Tainan Tour Bike
(公営レンタサイクル)
安億橋

台南市街拡大図
N
200m
兌悦門
文賢路
臨安路一段
信義街
筑馨居
民族路三段
媽祖樓天后宮
康樂街
海安路二段
老林居
365. 合日旅所
神農老街
(P111～112)
水仙宮市場
薬王廟
秘氏咖啡
民權路三段
風神廟
金華路四段
忠明街
西門圓環
小公園水果店
Wabi Sabi
石精臼市場
赤崁樓
祀典武廟
大天后宮
民族路二段
開基天后宮
成功路
自強街
鴨母寮市場
北華街
忠義路二段
公園南路
崇安街
北忠街
民生路二段
新美街
民權路二段
正興街
豐發黑輪
泰成水果店
彩虹來了
正興咖啡館
冰鄉
蜷尾家甘味処
西市場(拡大図P38)
小満食堂
邱家小卷米粉
旧・中国城
康樂街
民生路一段
阿霞飯店
再發號肉粽
公園路
吳園藝文中心
(十八卯茶屋)
中山路
台南駅
鶯料理
氣象博物館
奉茶
甘本堂蛋糕烘焙坊
消防署
湯德章紀念公園
康樂市場
(沙卡里巴)
中正路
西門路二段
度小月擔仔麵(本店)
度小月擔仔麵
(分店)
永福路二段
土地銀行
林百貨
国立台湾
文學館
萬川號餅舖
青年路
民權路一段
府前路二段
銀波布甸
屋台が多い
友愛街
警察署
中西區
大仁街
保安路
小西門
ロータリー
運動公園
忠義國小
孔子廟
嘉南農田水利會
順風號
忠義路二段
金華路三段
大勇街
六千牛肉湯
海安路一段
保安市場
大智街
建安街
地方法院
草祭二手書店
莉莉水果店
愛國婦人館
府前路一段
開山路
和意路
大德街
ランディス
ホテル
シルクスプレイス台南
延平郡王祠
永華路一段
西門路一段
永福路一段
南門路
大南門
窩樹林 Hide Forest
鹿角枝
藍晒圖文創園區
新光三越
水萍塭公園
樹林街二段
國華街一段
南寧街
國立台南大學
金華路二段
府緯街
忠義路一段
夏林路
五妃街
A
B
C
1
2
3
4

第1章

カフェでよみがえる日本建築

(左)台南のリノベとカフェ文化を推進し続けている謝文侃さん。
(右)一日に個数限定で提供される手作りプリン。ほろ苦いカラメルソースがたまらない。

台南には「カフェ」が多い。古都なのに意外に思われる方もいるだろうが、台南の街を歩けば、とにかく、いたるところにカフェがあるのだ。

西洋式のブランチやアフタヌーンティー主体のお店が多く、メニューはどこもたいして変わらない。こんなに需要があるのかと心配してしまうほど、新しいカフェが次から次へと誕生している。

そして、その多くが、日本統治時代の民家などをリノベーションしたカフェなのである。オリジナルは日本、スタイルは西洋、そして、台湾人の発想とアイディアが重なり、なんとも不思議な、しかし、とても居心地のいいカフェ空間が、台南の街のあちこちに点在している。私はそうしたカフェを訪れては、いつも、深いため息をつきながら、こう思うのだ。

「台南って、面白い」と。

私の台南カフェめぐりは、個性的な店が多い台南市の正興街から始まった。そこにある紅茶専門店「IORI TEA HOUSE」は、台南のカフェの草分け的存在で、正興街の名が有名になったのも、この店の開店が一つのきっかけだったとも聞く。

オーナーは台南の有名民宿「謝宅《シエチャイ》」を手がける謝文侃《シエウェンカイ》さんだ。地主の家の5人兄弟の末っ子で、台南でいち早く民宿経営をはじめた。民宿は大成功し、次に手がけたのは喫茶店だった。半世紀以上前の民家をリノベした「IORI TEA HOUSE」の玄関は、真鍮の取っ手の両開きの扉で、大正ロマンの香りがする和洋折衷のシックな喫茶室と、やや暗めの照明が、レトロな雰囲気をより一層かもし出す。

私は珈琲より紅茶派だ。アールグレイを注文し、看板メニューのフルーツワッフルとプリンを頼んだ。どれも抜群。

同じように、スイーツが美味しくて、落ち着けるカフェが、正興街から徒歩20分ぐらい離れたところにある。洋菓子が評判の「KADOYA」だ。カタカナで「カドヤ」と「KADOYA」が併記された入り口に立つと、扉を開けたら中はタバコの煙で包まれていそうな、昭和の喫茶店の匂いがした。ただ、台湾は室内禁煙が徹底されているので、そういうこ

カタカナの店看板が、どことなく日本のレトロな喫茶店のように見えてかわいらしい。

とは起きないけれど。

日本風の木造平屋をリノベし、内装や外壁には上品なタイルを使いながら、ゆるさも漂い、気取らずだらだらと長居できそうな雰囲気を建物がかもし出している。

こうしたリノベカフェの中でも早い時期にオープンし、有名店となった「鹿早《ルーツァオ》茶屋《チャーウー》」にも足を運んだ。

小さな路地にあるので見つけにくいが、店の中は多くの人でにぎわっていた。

2階建て洋館の建物だ。木製の二枚扉の入り口は洋風で、看板の墨書きが、「和中折衷」の味をかもし出す。1階はテーブル席で、2階は畳敷きの大部屋。

築約60年の戦後の建物だが、台湾の風味と洋風と和風が、お互いを邪魔せずに融合し、心地よい空間として仕上がっていた。

台湾のカフェは内装やインテリアで欲張り過ぎて、ちょっぴり惜しい感じがしてしまう場合が多い。しかし、この3軒はそうではない。イメージと合致するものにこだわってリノベした結果だろう。これらの店には統一感も感じたが、理由

金太郎が用意した「炒泡麺」は、インスタントラーメンを日本のウスターソースで炒めたもの。カツオ節に見えるのは、炒めた湯葉だ。

が最近になって分かった。同一人物の設計だった。

　その人物は金太郎という。シャイな人なので、本名は公開していない。金が姓で、日本のアーティスト・岡本太郎が好きだから、金太郎というあだ名がつけられた。人前に滅多に出てこない。共通の友人に頼み込み、なかば無理矢理家に押し掛けた。

　細身の神経質そうな人を想像していたら、優しく人懐っこい笑顔が現れた。

　1976年に台湾の新竹で生まれた金太郎は美術系の学校を卒業し、台南の正興街で「リンゴ素食料理」というベジタリアン料理屋を開いた。5人も座れば一杯になる小さな屋台のような店だったが、味の良さから連日満員の人気店となった。

「お客なのに、自分で食べたあとのお茶碗とか洗わないとだめなんだよ」

「機嫌が悪いとお客さんに向かって怒る怖い店長だったね」

　そんなエピソードが残るほど商売が繁盛しすぎて忙しくなり、もう疲れたといきなり閉店した逸話が語り継がれる伝説の店となった。

「はい、炒泡麺《チャオパオミエン》」

　私の昼食に、金太郎はスペシャルメニューを用意してくれた。リンゴ素食料理店の人気裏メニューで、日本でお祭りのときによく食べた、懐かしい屋台のソース焼きそばの味と重なった。

　器用で、こだわり屋である。友人の頼みで店舗のリノベと内装を手がけた。お手本は古本屋から買い集めた写真集のみ。『Restaurants of PARIS』『EUROPA MÖBEL』『インテリア』『銀座残像』『コーヒーの店』……。そんな和書や洋書を手に、言葉はわからなくても、写真と図面でイメージを掴み、仕事を始めた。

「この椅子、すごくすてきでしょ」

　たくさんの写真を頭のなかで組み替えてイメージを作り出し、その通りに再現した。色味や柄が既製品にない壁紙はわざわざオーダーし、照明や家具も店の空間に合わせて一から作った。異常なこだわりが金太郎の手がけたカフェの空間に表れている。

　生まれてから飛行機に乗ったのは、徴兵制度で金門に配置されたときだけという出不精の金太郎。「日本にはできれば

台湾の古本屋で買い集めた金太郎の宝物。世界のインテリアからヒントを得て、台南の店舗のリノベに反映させている。

行きたくない」とつぶやいた。「心中的日本（心のなかの日本）を失いたくない」のだという。

純粋すぎて、感受性が豊かすぎるのかもしれない。今年40歳になり、台湾でヴィーガン料理（乳製品やハチミツなども含む動物性の食品を一切使わない純粋菜食料理）の店を開くのがいまの夢だという。

「過去のことや夢について話すお前を見たのは今日が初めてだ」

一緒に行った長年の金太郎の友人が、目を丸くしてつぶやいた。突然の異邦人の訪問に、普段の自分のペースが狂ったのかもしれない。次はゆっくりと話を聞きに、また会いにくることを約束した。

金太郎のようなこだわりと夢を持った若者が、年代を感じる日本時代の家屋にオリジナルのテイストを加えた〝台南カフェ文化〟を支えている。

台南は台北や高雄といった大都市に比べ、戦後の開発がやや遅れた。一時は落ちぶれたイメージもあったが、開発が遅れたおかげで、いまでも日本時代やそれ以前の清朝時代、オランダ時代の建物が多く残っている。林百貨や鶯料理、知事官邸など、大型の日本時代の建物がリノベされ、観光スポットとなっている。そのなかでも、カフェに変身するケースがとても多い。

ただ、台南人にとって、カフェ文化は意外にも古くから馴染みがあるのかもしれない。

台湾人のノンフィクション作家で、日本時代に関する著書を多く持つ陳柔縉《チェンロウチン》の『台灣西方文明初體驗《タイワンシーファンウェンミンチューティーイエン》』では、台湾が西洋文明と接点を持つようになったのは、先に西洋文明を取り入れ、文明開化した日本人による日本時代があったからだ、と書かれている。

かつて台南は台湾のなかで文化の中心として発展してきたため、早くから市内のあちこちに喫茶店ができ、コーヒーやプリンやアイスクリームを楽しむ習慣が戦前から根づいた。だから年配の台南人にとっても、カフェはほっと一息つける場所として愛され続けてきた。そんな歴史があってこそ、いまカフェ文化を通して、台南に生きる日本が再活用されているに違いない。

リノベカフェ

歴史ある建造物に独特のテイストを加えたカフェは、どこも個性的だが、不思議と台南の街にマッチしている。

IORI TEA HOUSE

イオリティーハウス

台南市中西区西門商場1号
（＊2016年に正興街から移転）
P38
（開店日時などはFBで要チェック）
f

西市場の生地店が続くなか、突如現れるカフェ。一見ミスマッチな空間に見えるが、そのアンバランスさが面白い。2階は民宿の「謝宅」になっている。

衛屋茶事

ウェイウーチャーシー

台南市北区富北街72号　P8
☎0926-251-122
13:00-19:00　㊡水
f

京都と抹茶を愛する劉上鳴さんが昭和初期の日本人宿舎をリノベし、京都の長屋を再現した純和風カフェ。抹茶は劉上鳴さん自ら点てる。旬の果物や野菜を使った手作りの和菓子は月替わりで楽しめる。畳の香りとジャズの音色が心地よい。

KADOYA

カドヤ

台南市東区樹林街1段36号　P8
☎06-200-3434
13:00-20:00　㊡火
f

タルト、カヌレ、ブリュレ……スイーツ全般のレベルが高く、なにを頼んでも美味しい。イチ押しは龍眼の果肉が入った焼きメレンゲ。紅茶やコーヒーに合わせて食べれば、ほどよい甘さが口のなかで溶け出し、お砂糖代わりになる。

鹿早茶屋

ルーツァオチャーウー

台南市衛民街70巷1号　P8
☎0919-633-225
平日10:00-18:00　土日9:00-18:00
㊡火
f

2階の和室は自宅感覚。アフタヌーンティーが充実。ポットサービスの紅茶にサンドイッチ、プリン、ワッフルがついてきて、油断すると、夕食が要らなくなるほど満腹になる。

Wabi Sabi　和寂

ワビサビ　ホーチー

台南市中西区宮後街2号　P10(2-B)
☎06-223-7659
11:00-21:00　㊡水

オーナーの呉立卓《ウーリーツオ》さんが、築150年以上の建物をモダンに改築した。中庭に玉砂利を敷き、飛び石も配置。最新のコーヒーマシンの後ろには「マムシゲン」という日本語の錆び付いた看板や漢方の生薬が置かれる。日本、中国、西洋の文化が一つの空間に融合している。

水出しコーヒーが一押しだが、定食も最高だ。呉立卓さんの母親で料理上手な王恵慧《ワンホイホイ》さんが、手作りの台南家庭料理を提供する。その日に市場で入手した旬の食材と自家製の調味料を使う。訪れた日は、メインが鯖のトマト煮と漢方の生薬で煮込んだ豚の心臓。それに、「農家湯《ノンチアタン》（農家スープ）」と呼ばれる野菜を煮込んだスープもついてきた。懐かしい味が口のなか一杯に広がった。

台湾では外食文化が定着し、家庭の味を食べられる店が減った。昔、母が台湾で作った料理の味と重なり、涙がこぼれそうになった。

鹿角枝

ルーチアオチー

台南市中西区樹林街2段122号　P10(4-C)
☎06-215-5299
平日9:00-18:00　土日8:00-18:00
㊡月

元小児科の診療所で築60年以上の一軒家を改築したカフェ。ゆったりとくつろげる空間に生まれ変わっている。オーナーは盆栽や生け花に興味があり、店の内外にはグリーンがきれいに配置されていて気持ちよい。

奉茶

フォンチャー

台南市公園路8号　P10(2-C)
☎06-228-4512
10:00-23:00　㊡無休

1950年代の日本式家屋をリノベーションしたお茶屋「奉茶」。1階はテイクアウトで、2階では鍋や定食も提供する。お茶の種類が豊富で、ブランデーや梅酒など、少量のお酒とお茶をブレンドした「酒茶」ドリンクもある。

「十八卯茶屋」の元は、1929年、台南で飲食業を経営する柳下勇三が建てた「柳下食堂」。1階がカフェ。2階は和室で、定期的にイベントや茶器などの作品展を開く。上質な茶葉を使った本格的な中国茶と台南スイーツのコラボを楽しめる。2軒ともオーナーはお茶好きでハンチング帽がトレードマークの葉東泰《イエトンタイ》さん。澎湖生まれだが、小学生のときに家族で台南に移り住み、台南で茶文化を広めるリーダーとなっている。

十八卯茶屋

シーパーマオチャーウー

台南市中西区民権路2段30号　P10(2-C)
☎06-221-1218
10:00-20:00　㊡月

正興咖啡館
チョンシンカーフェイコワン

台南市中西区国華街3段43号 P10(2-B)
☎06-221-6138
月～木9:00-19:00 金～日9:00-21:00
㊡無休

台南の有名な建築家・劉國滄《リウクオツァン》が手がけたカフェ。色鮮やかな青色の門が印象的。入り口のすぐ上には「曽」の文字がある。かつて「曽」という姓の家だったことを示し、当時のまま残されている。奥は民宿に繋がっている。

窩樹林 Hide Forest
ウォーシューリン ハイドフォレスト

台南市中西区樹林街2段76号 P10(4-C)
☎06-213-0686
火～木11:00-00:00 金土9:00-01:00 日9:00-0:00 ㊡月

日本統治時代の瓦屋根を残した平屋のカフェ。英語の店名「Hide Forest」の通り、建物全体がツタに絡まれ、森の中にある隠れ家のようで、注意して探さないと見過ごしてしまう。レトロなアメリカンスタイルの店内では、昼間はハンバーガーやポテトフライを楽しむ人が多い。夜はしっとりとした雰囲気になり、ビールやカクテルと共に静かに過ごせる。

順風號
シュンフォンハオ

台南市中西区開山路35巷39弄32号 P10(3-C)
☎06-221-8958
平日12:00-22:00 土日10:00-22:00 ㊡月

「順風牌《シュンフォンパイ》」というかつての台湾の扇風機メーカーの社長宅をリノベした。順風牌の扇風機が大好きで、コレクションしていたオーナーがセンスよく店内をまとめている。路地裏にあり、スイーツから軽食まで楽しめる隠れ家的カフェ。

秘氏咖啡

ミーシーカーフェイ

台南市中西区国華街3段123-160号2F
(永楽市場2F)　P10(2-B)
☎0935-393-853
14:00-22:00　休水

永楽市場の1階は美味しいお店が軒を連ねているが、2階のほとんどは住居である。その1室を改造し、1960年代の香港を描いた映画『花様年《ホワヤンニエン》華《ホワ》』をイメージして開いたカフェ。お店にたどり着くまでが大変だけれども、そこまでの道のりは結構楽しい。宝探しをするように、薄暗い通路を縫って歩く。途中でひなたぼっこをしているおじいさんや洗濯物を干しているおばあちゃんなど、台南人の生活を垣間見たりすることができる。10人も座ればいっぱいになる店内は、コーヒーのいい香りが広がり、窓越しに見える台南の風景は特別だ。

1962年に建てられた永楽市場は、かつて盗品を並べて販売する店が多かったことから、泥棒市場という意味を持つ「賊仔市(ツァラチー)」と呼ばれていた。いまでは台南を代表する小吃の名店が集中し、市民の台所としても有名だ。喧噪を抜け、2階に上がり、雰囲気のあるカフェで一服すれば、気分はすっかり台南っ子。

リノベ食堂

どこのリノベ食堂も、造りだけでなく、食材や味にこだわった料理を提供する。

小満食堂

シアオマンシータン

台南市中西区国華街3段47号　P10(2-B)
06-220-1088
11:00-15:00　16:00-21:00　㊡水

カフェのWabi Sabiと同じオーナーが経営する定食屋。定食メニューは1種類なので、悩まずに台南のお袋の味を存分に堪能できる。

筑馨居

チューシンチュイ

台南市中西区信義街69号　P10(1-A)
06-221-8890
11:30-14:00　17:30-21:00　㊡無休

1876年の清朝時代の建物をリノベした台南料理の店。メニューはなく、定食1種類のみ。市場でその日良いと思った食材を厳選し、台南の伝統料理に調理してくれる。店主の阿勇《アーヨン》が作る豆花は絶品だ。

私の著書『ママ、ごはんまだ?』が原作の映画では、主人公たちがこのレストランでご飯を食べるシーンが撮影された。

リノベ民宿

リノベされた民宿一軒一軒に物語がある。自分好みの宿で台湾の歴史を感じてもらいたい。

村落裡

ツンルオリー

台南市大同路1段275巷82号　P8
☎0987-798-152

「馬伯桑《マーボーサン》」というあだなの陳恵政《チェンホイチョン》さんがオーナーだ。台北生まれだが、大学時代を台南で過ごし、その魅力にはまり、築約30年の家をリノベして民宿を始めた。収集した骨董品を家具に使い、馬伯桑のプロ級の腕で撮った写真もいい感じに飾られている。

老林居

ラオリンチュイ

台南市中西区海安路2段305巷　P10(1-B)
☎0919-636-296
http://rollinginn.blogspot.jp

手入れの行き届いた中庭に面して2棟建っている、日本統治時代の洋館をリノベした民宿。そのうち、台湾人医師の診療所兼住居だった1棟が『ママ、ごはんまだ?』の映画のロケ地となった。

当時の診療机や家具をそのまま使い、1960年代の台湾の家庭の雰囲気が再現されている。もう1棟は、化学の教師だった台湾人の住居を改築した。目の前は海安路で便利な立地だが、裏通りにあるため、静かな隠れ家となっている。

365. 合日旅所の個人部屋。畳敷きなので小さな子供連れの旅でも気兼ねなく宿泊できる。

365. 合日旅所

365. ホールーリュイスオ

台南市中西区西門路2段365巷5号　P10(1-B)
☎0981-126-194
http://365hostel.format.com

男女別の大部屋と個人部屋の2タイプがある民宿。築60年の古民家をリノベし、明るく清潔感あふれる空間が気持ちよい。ほどよいサービスで自宅感覚で過ごせる。1階はカフェなので、なにかと便利だ。

大型リノベ

台南ではいま、日本統治時代の大型建築を活かしたリノベが大ブーム。商業施設や文化施設に生まれ変わっている。

林百貨

リンパイフォ

台南市中西区忠義路2段63号
P10(3-B)
☎06-221-3000
11:00-22:00 ㊡無休

呉服屋を営んでいた日本の商人・林方一の投資により1932年に創業した百貨店。屋上に庭園と神社がある。南部初のエレベーターは話題を呼んだ。現在もほぼ当時の姿のまま復元され、メイドイン台南のお土産が全て揃う場所として大人気。

台南の老舗名店と林百貨のコラボでできたオリジナルグッズは、ここでしか買えない人気商品。

林百貨の随所に、日本を感じさせる面影を見ることができる。

鶯料理《インリアオリー》

台南市中西区忠義路2段84巷18号 P10(2-C)
10:00-21:00 休月

日本統治時代、北白川宮能久親王が近衛師団長として台湾に赴く際、板前として同行した天野久吉が1923年に開いた高級料亭。立派な日本庭園と、芸子が寝泊まりする場所も備えていたが、復元されたのは元の3分の1のみ。裕仁皇太子行啓の際の食事処だった。内部には、天野久吉の孫で大阪在住の天野朝夫さんが所有していた、当時の貴重な資料が展示されている。

呉園藝文中心
(旧・台南公会堂、十八卯茶屋を含む)
ウーユアンイーウェンチョンシン

台南市中西区民権路2段30号　P10(2-C)
☎06-228-9250
8:00-22:00(史料室)　休無休

1829年、塩業で財を成した台南の富商・呉尚新が建てた建物と庭園。台湾四大名園の一つに数えられるほど美しい。涼亭で涼みながら池を眺めると、まるで200年前にタイムスリップした気分を味わえる。

氣象博物館
チーシアンボーウーコワン

台南市中西区公園路21号　P10(2-C)
☎06-345-9218
平日、第3土曜8:30-17:30　休土日

1898年に落成した旧台南測候所。日本統治時代の初期にできた数少ない大型建築物の一つ。正十八角形の珍しい建物の中心から、白い塔が伸びている。その外観から「胡椒管《フーチアオコワン》(胡椒ミル)」と呼ばれ、台南の街のランドマークとなってきた。現在は気象博物館として一般向けに内部が公開されている。

國立成功大學力行校區
クオリーチョンコンターシュエリーシンシアオチュイ

台南市北区小東路25号　P8

1917年に建てられた旧日本陸軍の台南衛戍病院の建物。日本統治時代は台湾各地に衛戍病院が建てられたが、ほぼ当時の姿のまま残っているのは珍しい。国立成功大学の校舎として復元され、現在は主に台湾文学部の講義が開かれている。

321巷藝術聚落

321シアンイースーチュイルオツン

台南市北区公園路321巷　P8

旧日本陸軍歩兵第二連隊の官舎群をリノベした区域。芸術家たちが創作活動の場として活用し、工房やカフェを併設したサロン、作品展示場として息を吹き返している。うち1軒は、東京美術学校で学んだ台南の著名画家・郭柏川《クオボーチョワン》の旧居で、現在は「郭柏川紀念館」。現地に行き、戸外の作品を楽しみながら、公開中の場所を見るのがよい。

藍晒圖文創園區

ランシャイトゥーウェンチョワンユアンチュイ

台南市南区西門路1段689巷　P10(4-B)
06-222-7195
店舗により異なる

台南で数年前まであった壁アートの藍晒圖（ブループリント）をシンボルとする展示空間。1960年代に建てられた司法官の宿舎群をリノベした。飲食店や、オリジナルの文創グッズを販売している店もある。夜間にライトアップされたブルーの輝きが美しい。

市内お薦め店

リノベ店ではないが、台南を訪れたら是非足を運んで、見たり食べたりしてもらいたいところ。いろいろな顔を知ることで、よりディープな台南を楽しもう。

台南は一年を通してフルーツ天国。店頭には色鮮やかな果物が並べられ、いつもお客さんでいっぱいだ。

泰成水果店

タイチェンショイクオティエン

台南市中西区正興街80号　P10(2-B)
平日14:30-23:00　土14:00-23:00
日14:00-22:00　㊡不定休

70年以上続く老舗のフルーツ屋。品質にこだわったフルーツは何を頼んでもおいしい。台湾でよく見かけるる果肉がオレンジ色のメロン・ハミウリに、果汁100パーセントのフルーツアイスをトッピングした「哈密《ハーミー》瓜冰《コワピン》」が一番人気。

豐發黑輪

フォンファーヘイルン

台南市中西区正興街90号　P10(2-A)
☎06-222-3805
平日14:00-21:00　土日12:30-21:00
休 水

1936年、西市場内で魚の練り物を売り始めた蔡水藤《ツァイショイトン》さんが創業者。3代目の蔡睿宸《ツァイロイチェン》さんになり、練り物を使った黒輪（おでん）を提供し始めた。新鮮なマグロを使った旗魚黒輪（さつま揚げ）は店の看板メニュー。黒サメのすり身に、米を混ぜて揚げた「甜不二《ティエンプーアル》」も外せない。ビールがグイグイすすむ美味しさだ。

蒸し立てもあるが、お土産用に冷えたものを大量買いするお客さんが絶えない。

萬川號餅舗

ワンチョワンハオピンプー

台南市中西区民権路1段205号　P10(3-C)
☎06-222-3234
8:00-22:00
休 毎月最終月曜

1871年から、落雁のような糕餅や月餅など、台湾の伝統的なお菓子を作り続けてきた老舗。人気なのは、肉包（肉まん）と水晶餃。肉包は卵入りとなしがあるが、卵入りが一押し。水晶餃とは、サツマイモのでんぷんを使った皮に豚肉とタケノコやシイタケを包み、蒸し上げたもの。餃子よりモチモチぷりぷりとした皮と、しっかりと味付けされた具材が口のなかで混ざり合い、食感と味の両方を楽しめる。

遠くからでも見つけやすい赤い看板。店内は広くて買い物がしやすい。

台湾北部では数が少なくなってきた伝統市場だが、南部では活気ある伝統市場が人々の胃袋を満たしている。

水仙宮市場
（永樂市場、長樂市場を含む）
ショイシエンコンシーチャン

台南市中西区神農街1号　P10（2-B）

台南で最も知られた伝統市場の一つ。海運業や貿易に携わる人々から信仰されている海神の水仙尊王が祀られていた場所を中心に店が集まり、市場となった。水仙尊王は市場の奥にひっそりと祀られている。朝早く訪れ、地元の人に混ざって練り歩くのが楽しい。市場内にイートインのお店もあり、周辺の国華街沿いにも多くの小吃店が並ぶので、朝食におすすめ。

彩虹來了
ツァイホンライロー

台南市中西区正興街100号　P10（2-B）
☎06-220-2868
14:00-21:00　㉁火、水
http://www.rainbowiscoming.com

台南で若者に大人気の「正興街」の仕掛人であり、リーダーの高耀威《カオヤオウェイ》さんが経営する店。築45年の民家を改築し、メイドイン台湾の雑貨や衣類を販売。2階は展示スペース。

小公園水果店
シアオコンユアンショイクオティエン

台南市中西区西門路2段331号　P10（2-B）
☎06-227-0959
9:00-22:00　㉁無休

台湾はパールミルクティーなどを売るドリンクスタンドが充実しているが、台南では「酸梅湯《ソワンメイタン》（プラムジュース）」や「楊桃汁《ヤンタオチー》（スターフルーツジュース）」「青草茶《チンツァオチャー》（薬草茶）」など、昔ながらの伝統的なドリンクの店も頑張っている。この店は1943年にできた老舗だ。楊桃汁は日本人になじみの薄いドリンクだが、甘味と塩気が混ざり合い、南国台南の汗を一気に吹き飛ばしてくれる。

甘本堂蛋糕烘焙坊

カンペンタンタンカオホンペイファン

台南市中西区民生路1段35号　P10(2-C)
☎06-223-3632
8:00-22:00　㊡日

甘本堂の歴史は古い。初代は陳清吉《チェンチンチー》という台湾人で、1915年の抗日武装蜂起「噍吧哖（タパニー）事件」で逮捕されたが、運良く処刑されずに生き残った数少ない生存者の一人。4代目となり、昔ながらの味も残しつつ、「盆栽ティラミス」など独創的な商品開発で、幅広い年代に支持される。一押しは「克林姆麵包《コーリンムーミエンパオ》（クリームパン）」だ。木村屋のクリームパンに似て甘すぎず、もたつかないクリームが美味しい。

銀波布甸

インポープーティン

台南市中西区府前路2段40巷24号　P10(3-A)
☎06-227-4747
11:00-21:00　㊡無休

台南では、なぜかプリンを売っている店をよく見かける。特に台南市街から安平に向かう台南運河沿いの安平路に多い。数あるプリン店のなかで最も歴史があるのがこの店だ。1939年、呉連春《ウーリエンチュン》が日本人からプリンの作り方を伝授してもらい始めたという。卵と砂糖を使ったプリンは、当時の高級嗜好品。なめらかな口当たりとカラメルソースのほろ苦さがたちまち大人気となり、1960年代には結婚式に欠かせない一品となった。台南市内に3店舗あるが、府前路のこの店は、写真撮影一切お断りのテイクアウトのみ。味は間違いない。伝統を守る頑固さがあらわれている。

第2章

ノスタルジック 西市場

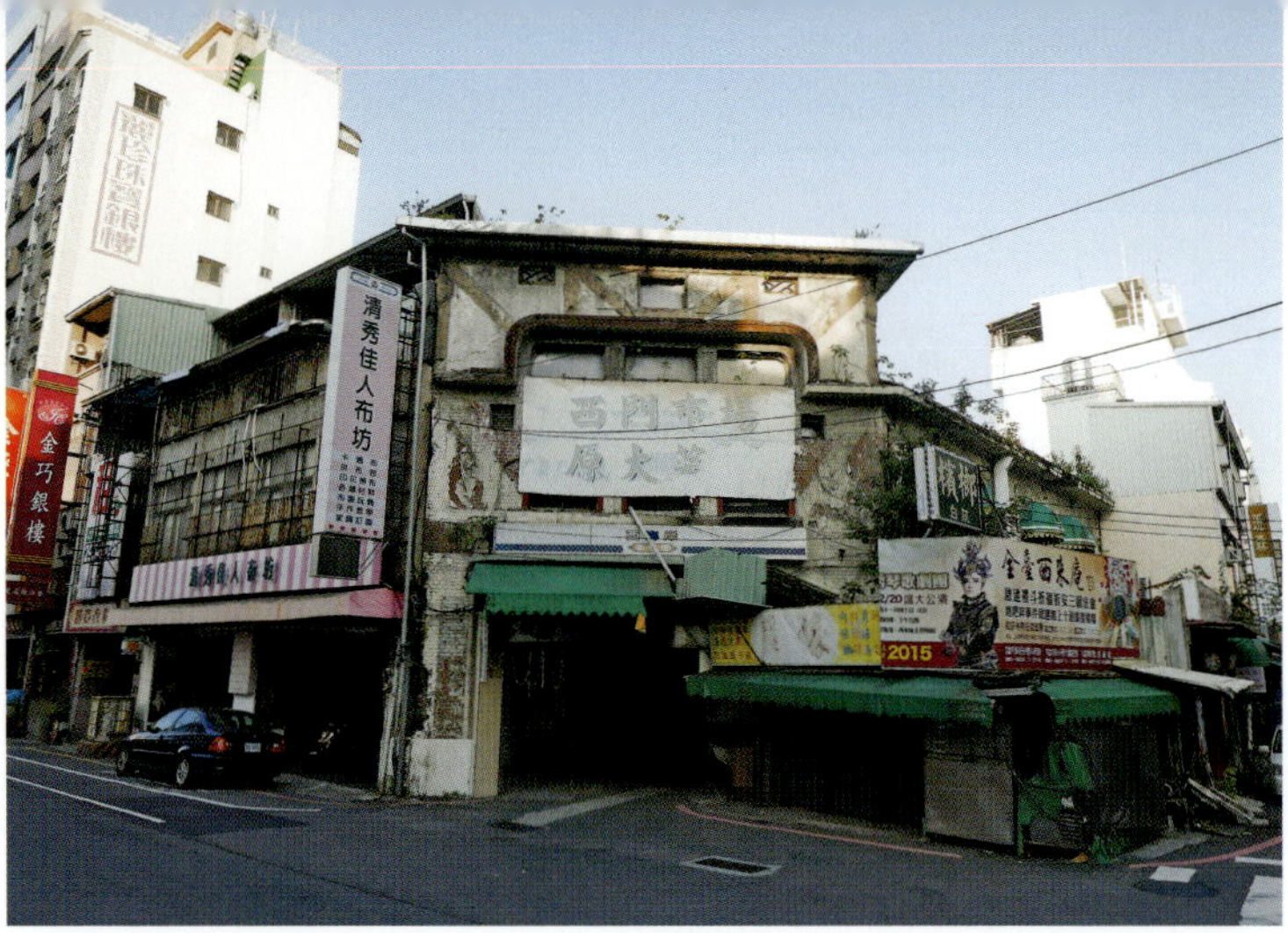

年季の入った看板の向こう側に、西市場が広がっている。

台南のリノベで面白いのが、日本統治時代に建てられた「西市場」だ。1905年に完成した台南初の公設市場で、南台湾最大の市場でもあった。ところが、6年後の1911年、台風で全壊し、翌年の1912年に鉄筋コンクリートで再建された。このときのL字型の建物が、現在も残る西市場の本体である。市場の前には広場が設けられ、裏手には噴水も作られた。再建された西市場は、敷地面積の広さでは、当時の台湾で2番目となった。

戦前戦後は増改築が繰り返され、気がつけば、市場の周囲はどんどん拡張し、肝心の市場本体は中に隠れて目立たなくなった。

現在は、これらの建物全体をまとめて西市場と呼んでいる。つぎはぎの壁や行き止まりの道などが複雑に入り組んでいて、まるで迷路のようだ。私にとって、迷路ほどワクワクするものはない。歩くたび、知らない店と景色に出会うから飽きない。

西門路《シーメンルー》側にある入り口近くには、シュークリームが名物の老舗のパン屋「百珍《バイチェン》麵包蛋糕《ミエンバオタンカオ》」があり、その先に衣類の生地店が何軒も続く。テーラーメイドの店もある。日暮里の繊維街のようだ。

西市場内で手作りのレトロな照明器具ブランド「愛迪生工業（アイディーションコンイエ）」を立ち上げ、一躍台南の有名人になった林庭安（リン・ティンアン）さん。

西門路のもう一つの入り口から入ると、50年の歴史を持つ肉まんの名店「肉包輝《ロウパオホイ》意麵餛飩《イーミエンフントゥン》」がぽつんと店を構えている。その奥は、以前、肉や魚を売っていたブロックで、段ボールがつまれた無人の店が続き、魚の練り物を作っている老舗の「豐發黒輪《フォンファーヘイルン》」や、お肉屋さんがひっそりと営業している。

日本時代から1970年代頃までは、

3代続く「鄭記土魠魚羹」。メニューは創業当時から変わらず、土魠魚（サワラ）のみを扱う。

舶来品の衣料などを扱う「特別な市場」としてにぎわったが、時代の変化に伴い、市場の活気は徐々に消えていった。日本の地方都市にあるシャッター商店街のようになっていた。

国華街に面した入り口から続くブロックも、食べ物屋はかき氷で有名な「江《チアン》水號《ショイハオ》」、意麵の名店「阿瑞意麵《アーロイイーミエン》」、サワラのフライスープの「鄭記土魠魚羹《チョンチートゥートゥオユイコン》」くらいしか残っておらず、薄暗い雰囲気が漂っていた。

そんな空き店舗となっていた場所に、2014年の年初、台南出身の陳一銘《チェンイーミン》さんと奥さんの辜純純《クーチュンチュン》さんが、ハトムギを使った甘味処「Chun純薏仁《チュンイーレン》」を開いた。没落した市場に30代の若者が店を開くのは、久々の大事件だったに違いない。

「白玉、小豆、ハトムギ」を看板メニューとした。日本の抹茶も使ったハトムギアイスやハトムギ茶を売る店は、市場のイメージとかけ離れていて、うまくいくのだろうかと誰もが心配したそうだ。ところが、いまや開店前から長蛇の列ができる人気店になっている。

ニュージーランドのオークランド大学

いち早く西市場に新しい風を吹きこんだ「Chun純薏仁」。全て手作りのスイーツのクオリティの高さに驚かされる。美肌効果抜群のハトムギ茶が一押しだ。

(左)西市場内で雑貨店を50年以上経営するおばあちゃん。陳一銘さんのことを孫のように思っている。
(右)「凰商號」のパイナップルジュース。ほどよい酸味が暑い台南にぴったりだ。

を卒業した陳一銘さんは、海外経験も豊かな、物腰柔らかいイケメンだ。

「ここはね、ちょっと前までは、僕が大好きな羊肉湯を売る店だったんだ」

陳一銘さんが幼少期によく訪れた西市場は、にぎやかできらびやかな場所だった。そのときの楽しかった光景が忘れられず、店を持つことを決心した。

かつて羊スープで有名な「無名羊肉《ウーミンヤンロウ》湯《タン》」という店があった場所に出店し、当時の窯をそのまま使い、いま、グツグツとハトムギを煮ている。無名羊肉湯の店主のおばあちゃんが使い続けた水切りザルはディスプレイとして飾っている。リノベされた店舗は、木の温もりを感じられる佇まいだ。

開店してから2年が過ぎると、同じ志を持った若者たちが、一人また一人と現れた。杏仁茶の専門店「杏本善《シンペンシャン》」、メイドイン台湾の安全食品の販売店「誠舗《チョンプー》」、パイナップルを得意とする「凰商號《ホワンシャンハオ》」など7店舗に増え、どこも絶好調だ。

西市場に店を開いた多くの若者が、陳一銘さん同様、子供の頃の記憶を出店の理由にしている。

「市場を案内してあげるよ」。てんやわんやの店内で、懸命に白玉を飾り付ける辜純純さんをよそに、陳一銘さんは歩きながら、金物屋のおじちゃん、寝具屋のおばちゃん、生地屋のおばあちゃんたちと次々と挨拶を交わし、市場の歴史を私に説明してくれた。

幼い頃に母と共に訪れた市場は、フルに五感を働かせた懐かしい場所だ。カゴ網の中で重なり合うカエル、洋服の上から何枚もブラジャーを重ね着し、下着の実演販売をしているおばさん。一心不乱に肉をミンチにしている上半身はだかのおじさん。いつも立ち寄った米粉スープのお店。それらが私の脳裏から消えることはない。

台南の人々にとっても、西市場の記憶ははっきりと残っている。

「あのときの西市場に戻したい」

陳一銘さんの言葉からは、そんな熱い思いがひしひしと伝わってきた。

2016年、私のカフェめぐりの起点となった「IORI TEA HOUSE」が、正興街から西市場に引っ越した。オーナーの謝文侃さんは代々西市場で生地を売って

店じまい後、各店舗の人たちが残った食材を持ち寄り、リラックスした様子で遅めの夕食を楽しんでいた。

結婚やお祝い事に寝具を贈る習慣が残る台南。宛名を毛筆で達筆に書き上げる里長嬷(リー・チャンマー)さんは、西市場にお嫁にきて約40年。若者たちを見守るお母さんのような存在だ。

きた一家だ。お店の面積は半分以下になるが、原点に戻り、カフェで西市場に新しい風を吹かせようとしている。

建物がなくなれば、記憶や歴史も消えてしまう。老朽化が進んだ西市場だが、うまく修復しながら、魅力的な店は残していってほしい。

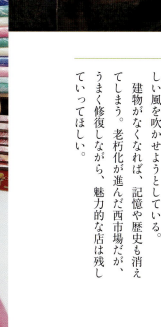

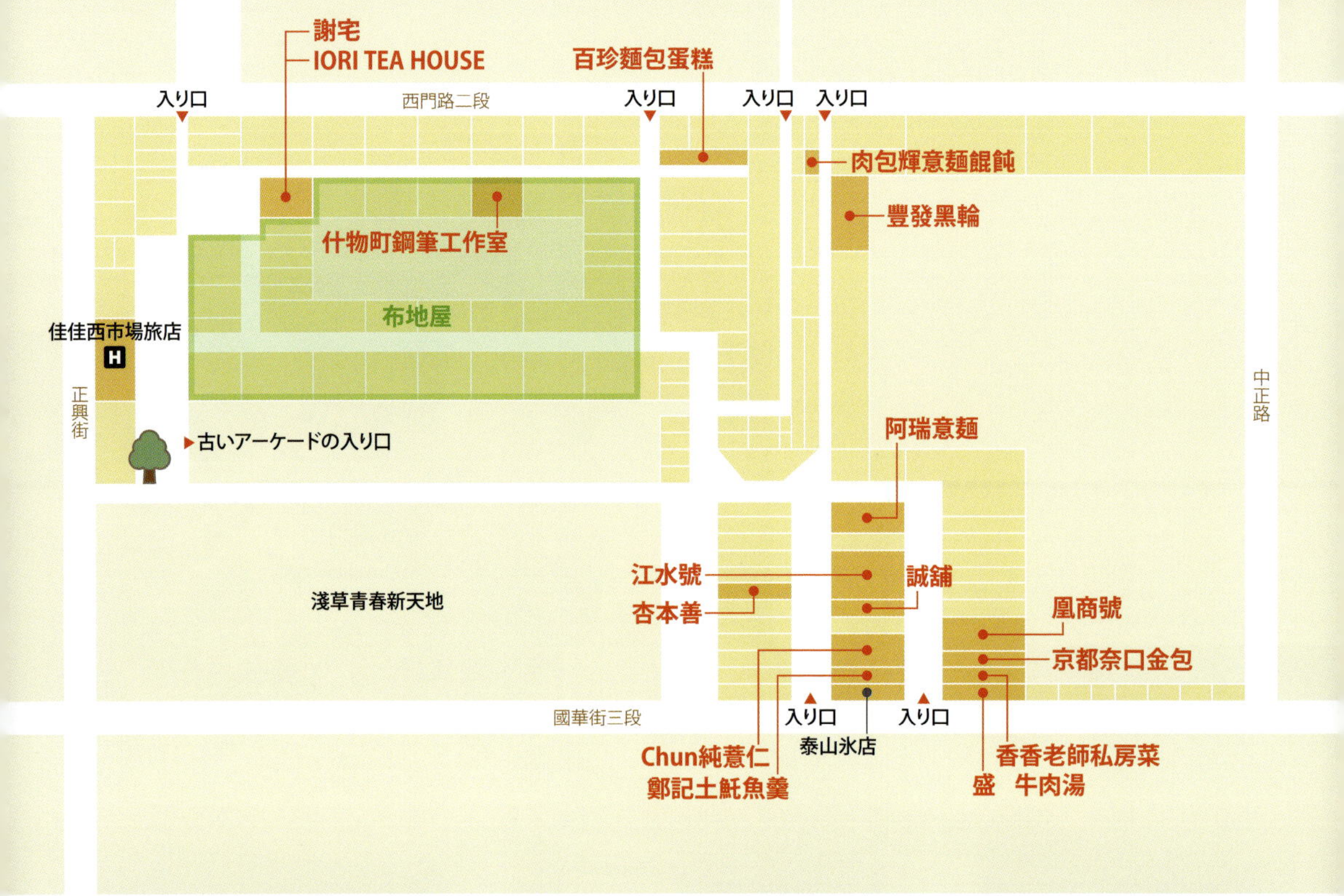

かつての西市場は、舶来品が並び、お金持ちが立ち寄る市場として栄えてきた。当時から続く店は数少なくなり、今は金物屋や仕立て屋などがひっそりと佇んでいる。

Chun純薏仁
チュンイーレン

台南市中西区国華街3段16巷5号
☎06-227-0101
🕐12:00-売り切れ次第終了　㊡月

IORI TEA HOUSE
イオリティーハウス

台南市中西区西門商場1号
📍P38
開店日時などはFBで要チェック
f

西　市　場

メニューはいたってシンプル、紅茶と杏仁茶の2種類の系統しかない。そのなかに、「蛋蛋的杏福《タンタントーシンフー》」という見慣れない名前があった。中国語で「杏」と「幸」は同じ発音。「蛋」は卵。どんなお茶が出てくるか、試しに頼んでみた。

　店主の尼欧《ニーオウ》（Neo）さんが杏仁茶を鍋に入れ、温め始める。おもむろに卵を一つ取り出し、丁寧に黄身と白身を分離した。品のよい茶器のなかに黄身と塩少々を入れ、かき混ぜながら温めた杏仁茶を注ぎ込む。熱で黄身が黄色の帯となり、渦を巻いていく。

　白と黄色のコントラストは美しいが、味はどうだろうか。こわごわ飲むと、杏仁茶のほどよい甘さに溶き卵がからみつき、とても美味しく、蒸し暑い市場のなかで汗をかきながら一気に飲み干した。

　杏仁茶に卵と塩を加える飲み方は、咳が続く症状に対する台湾の伝統的な民間療法だそうだ。日本の卵酒に似ている。

　台北の大学を卒業し、コンピュータ関連の会社に勤めていた尼欧さんは今年32歳。高給取りとして働いていた。何事も電子メールで連絡を取り合う業界に違和感を感じ、故郷の台南で彼女と一緒にお店を開いた。

　尼欧さんの祖父は、かつてリヤカーを引いて杏仁茶を売り歩いていた。幼い頃、家でよく飲んでいた紅茶もメニューに加えた。祖父のイラストが、店のロゴだ。杏仁茶のお碗を手にし、笠を被り、汗を拭いている可愛らしいおじいちゃんだ。笑顔が尼欧さんに似ている。

　祖父から受け継いだ確かな味に、尼欧さんの優しさを加えた杏仁茶は、市場で多くの人の喉と心を潤している。

杏本善
シンペンシャン

台南市中西区国華街3段20巷8号
☎06-223-9591
12:00-19:00　㊡水

龍眼ハチミツや黒ごま石鹸、黒糖など、作り手の顔が見え、信頼できる食材や日用品のみを販売している通販会社がある。その路面店が「誠舗」だ。メイドイン台湾の素材を使った軽食も楽しめる。

オーナーの愣子《ロンツー》さんは、ショートカットがよく似合う素敵な姉御さんだ。かっこいいナチュラル派というよりも、いいレストランで食事をするような、都会のキャリアウーマンにしか見えない。

「全部思いつきなの」

愣子さんは広告会社で長年に渡り、さまざまな健康食品やハンドメイドの商品を売り手から預かり、顧客に説明をしてきた。

安心できる品質の商品ほど、世間に知られる機会が少ないことに気がつき、ネット販売を始めた。そうした商品を使ってケーキや飲み物を自分で作り、実際に食べてもらいたいと考えるようになった。台南育ちで、子どもの頃、両親に連れられて西市場に舶来品や生地などをよく見に来ていた。両親の初デートは、人気の老舗かき氷屋「江水號」だったという。

週休2日の安定したOL生活にくらべ、個人事業主は休日もままならない。「愣子」とは中国語で「バカげた人」という意味だ。

安定を捨てたことを「ばかでしょ、私」と笑いながら、丁寧にコーヒーをいれる様子は、十分に今を楽しんでいるように見えた。

誠舗

チョンプー

台南市中西区国華街3段16巷11号
☎0976-285-798
🕘13:00-19:00 (休)火、水

ポップなフルーツ柄のエプロンと三角巾姿、キュートな笑顔で迎えてくれるのは、パイナップルジュース専門店・凰商號のオーナー、詹珀《チャンポー》凰《ホワン》さんだ。

台南はマンゴーの産地だが、パイナップルもとても有名だ。台南の關廟《コワンミャオ》という産地で育った詹珀凰さんは、飽きて嫌いになるほど、パイナップルを食べてきた。

「子供の頃に通った市場にきれいなお店を開きたかったの」

詹珀凰さんの祖母がよく作っていたパイナップルジュースをメインに、パイナップルを使ったジャムやヌガー、ビスケット、パウンドケーキなどがある。全て彼女の手作りだ。食べ飽きたパイナップルがまた大好きになったと言いながら、パイナップルの新レシピを日々考案している。

凰商號

ホワンシャンハオ

台南市中西区国華街3段16巷12号
☎06-223-2498
🕗11:00-20:00　㊡不定休

市場に似つかわしくない美女がいた。台湾の有名モデル・女優のソニア・スイ（隋棠《ソイタン》）によく似ている。すらりと伸びた手足には、ホットパンツにタンクトップが良く似合う。ポニーテール姿の劉玟妡《リウウェンシン》は、大勢の客たちとテンポよく会話を重ねる。

「香香老師私房菜」は、豚足丼専門店である。私にとって豚足は、台湾料理のなかで3本の指に入るほどの好物だ。自分でもよく作るから、味にうるさい。豚足丼のみで勝負するなんて大丈夫かと、半信半疑で食べてみた。目からうろこ、だった。

「母は料理が大得意だったの。お正月料理の豚足は絶品だった」

丼には、主役の豚足以外にキャベツやお漬け物、煮豆、生卵と、ごはんが見えないほどのおかずと名物のニンニクチップも乗っている。店名の「香香老師」は彼女の母のこと。家族の味を多くの人に食べてもらいたくて「豚足丼」を売り出した。

高雄出身だが、「凰商號」の店主が学校の先輩という縁で、西市場に店を開いた。彼女が接客し、弟がメインで調理を担当する。お母さんは高雄の家でニンニクチップを作り、お父さんもときどき店に足を運んで家族の仕事を見守っている。家族みんなが経営者。

西市場の人情と家族の愛情がたっぷりつまった黄金色のとろとろの豚足にかぶりつくと、独特の皮のプルプル感と、少し歯ごたえある腱の食感が歯に伝わる。たまらない。

「台湾一おいしい豚足ね！」

思わず私の口から漏れ出た、本音の絶賛の言葉だった。

香香老師私房菜

シャンシャンラオシースーファンツァイ

台南市中西区国華街3段16巷6号
☎06-223-2128
10:00-14:30 ㊡日、月

西　市　場

台南の朝食と言えば「牛肉湯《ニウロウタン》（牛肉スープ）」だ。でも、早朝からわざわざ有名店の長蛇の列に並ぶことが面倒な日もある。食べたいときに行ける牛肉湯の店があったらいいな、とずっと思ってきた。そんな願いを叶えるのが、西市場にできた牛肉湯の店「盛　牛肉湯」だ。

丁寧に生の牛肉を切り分け、よく煮込んだスープをさっと注ぎ、一碗の牛肉湯が出来上がる。

体格の良い店主の段盛也《トワンションイエ》さんは「マイウ〜」で有名な日本の芸人・石塚英彦さんによく似ている。彼が作っているというだけで、まだ口にしていない牛肉湯もおいしそうに見える。不思議な魅力の持ち主だ。

段盛也さんは台南生まれ。西市場をよく知っており、そこの羊肉湯と牛肉湯が印象に残っていたという。若い人がオシャレなカフェや甘味店を出すのに対し、台南の伝統的な味にこだわり、牛肉湯店を開いた。元は洋食店のコック。腕には自信があった。

小さい頃から食いしん坊だったおかげで味覚は確かだった。コツコツと努力し、試行錯誤を重ねた。卸売業者の信頼も得て、来客からは「何代も続く店なの？」と聞かれる。

私も牛肉湯にはうるさい方だが、有名店の牛肉湯と遜色ない味だと感じた。鳳商號のパイナップルにヒントを得て、リンゴとパイナップルを入れて発酵させた自家製キムチは、酸味のなかに甘さを帯びる台南ならではの美味しさ。

自分の似顔絵入りのエプロンをつけ、丁寧にサーブする段盛也さんの牛肉湯は、これからもどんどん進化し続けていくだろう。

盛《ション》　牛肉湯《ニウロウタン》

台南市中西区国華街3段16巷2号
☎0989-351-382
🕗8:00-売り切れ次第終了　㊡火

子供の頃から文房具が大好き、と語るオーナー・鄭羽伶《チョンユイリン》さんが、万年筆を中心とした筆記用具を売る文具店。鄭羽伶さんの母親は洋服のリフォームを行う洋裁師だ。母と一緒によく訪れていた西市場に店を構えるのはごく自然の流れだった。最近、台湾は手書きブーム。10人も入ればぎゅうぎゅうになってしまう店内は、開店と同時に多くの若者であっという間にいっぱいになる。

什物町鋼筆工作室
シーウーティンカンピーコンツオシー

台南市中西区西門路2段西門商場33号
14:00-21:00 休日

西 市 場

京都奈口金包
チントゥーナーコウチンパオ

台南市中西区国華街3段16巷8号
11:30-18:30 休月

黒い板壁の入り口前には、番傘や招き猫が飾られ、どこからどう見ても京都の土産店のように見える。店内には所狭しとガマ口やバッグが並んでいる。ほとんどが、5年間の日本留学経験を持つ、店主の陳佩吟《チェンペイイン》さんの手作りの一点モノ。手芸道具と関係の深い西市場でよく買い物をしていたので、この場所に愛着があり、店を開くことを決めた。日本滞在中、和服や帯の和柄に魅せられ、生地のコレクションを始めたという。市松模様のようなクラシカルなものから、パグ犬のような可愛らしいものまで、集めた生地を用いて作った作品が揃っており、大人気となっている。

INTERVIEW

インタビュー

成功大学建築学部特別招聘教授

傅《フー》朝《チャオ》卿《チン》さん

台南に古蹟（歴史的建造物など名所旧跡）が多いことは事実です。それは、台湾の歴史と関係があります。

台湾はまず南が発展し、その後、中心が北に移動していきました。そのため、台湾の歴史のどの時代においても、台南にその足跡が残されています。台南には、すべての時代の古蹟が存在するのです。

多くの人が「台南には古い建物が多い」と感じるのは、そのためです。北部には、台南ほど多くの時代の古蹟がありません。

また、例えば台北では、清朝時代に建てられたものと日本統治時代に建てられたもの、そして現代のものが地域によってはっきりと分かれて存在していますが、台南では違います。さまざまな時代のものが混在しているのです。こうした古蹟から、重層的な歴史が見てとれます。

いま私たちが話している「十八卯茶屋」というカフェが入っているこの建物がいい例です。建物は清朝時代のものですが、隣の公会堂は日本時代のもので、裏側にある「開隆宮《カイロンコン》」という廟は清朝時代のもの。そして、この呉園藝文中心は、オランダ時代に開発されています。かくも重層的なのです。

また、この場所の近くには気象博物館がありますが、これも日本時代を代表する建物です。当時は「台南測候所」と呼ばれていました。台南市ではいちばん海抜が高かったため、気象台の場所として選ばれました。そのそばには、北極殿という廟があります。そこに掲げられている「扁額」は、台湾でもっとも古く、明の時代のものです。

台南には清朝の時代に築かれた城壁もあります。台南の行政や商業の中心部は、その城壁の中にあります。つまり、台南という場所は、オランダ、明朝、清朝、日本、そして戦後の400年にわたる台湾の歴史が凝縮されたところなのです。

台南に古い建築物が残されているのは、成功大学建築学部が台南にあったことと関係しています。成功大学は、日本時代は台南高等工業学校といい、当時から建築学部がありました。建築学部の先生たちが、戦後、日本時代の古蹟の保存に大きな役割を果たしました。彼らが政府に対して、台南の建築を保護するべきだと早くから主張したのです。彼らの主張には、市政府も耳を傾けざるを得ませんでした。

台南高等工業学校時代の建築学部の最初の責任者は、千々《ちぢ》岩《いわ》助《すけ》太《た》郎《ろう》という日本人でした。彼は、もともと台湾の先住民の建物を研究していた人で、赤崁樓やゼーランディア城の修復に関わった、最初の専門家でもありました。

また、台南には、古い建築に対する保護意識の強い市民団体もありました。そうした人たち

台南のリノベ茶屋「十八卯茶屋」を待ち合わせ場所に指定した傅朝卿さん。目の前の建物を指差しながら、丁寧に分かりやすく台南の建築の歴史の積み重ねを解説してくれた。

INTERVIEW

の影響で、古い建築が多く残ったのです。

ある人は、台南を「落ちぶれた貴族」だと揶揄します。あるいはそうかも知れません。しかし、古さと新しさが共存しているからこそ、この街のあり方がみんな好きなのです。

都市の開発は必要なことです。しかし、すべてが新しくなくてもいい。古さもとどめた開発を台南は望んでいます。古いものに新しいものを加えたリノベーションが台南で多いのもそのためでしょう。

高雄にも台中にも古い建築はあります。しかし、それは特定の場所に足を運んでやっと目にすることができるものです。台南の古い建築は、そうではありません。裏路地を歩いているとふと目に止まるぐらい、身近にあるのです。

以前の国民党政府は、一種のイデオロギー的な主張から、「日本は台湾の伝統文化を破壊して日本文化を押し付けた」と主張していました。しかし、実際はそうではありませんでした。日本時代におこなわれた道路整備では、大きな道路が新設されたものの、古くからの路地裏もそのまま残され、台南の伝統的な廟も壊されることはありませんでした。孔子廟、武廟、媽祖廟など重要な廟はどれも残っています。武廟を残すために道路をわざわざ曲げたほどです。

そして国民党も、日本の神社を壊しはしましたが、他のものについては、それほど手をつけていません。壊した台南神社にしても、そこにあった狛犬は、新しく建てられた忠烈祠に持っていきました。日本時代の建物が多く残ったのは、国民党が大陸反攻を掲げていましたから、いずれ中国に帰るという考えで、あえて大量の資金を投じて開発することを控えたということもあります。

いま台南市政府には、「老街振興委員会」という委員会があり、私もその委員です。この委員会は台南にある多くの老街をどのように保存し、活用していくかを考えるものです。ここで認められた案件については、例えば、老街に人を呼ぶためのアーケードなど、市の予算で設置することができます。

台南市は、老街について残すべきものは残し、観光にもプラスになることを期待しています。ですから、私たちの委員会では、一つのキーワードを決めています。

それは「把好的留下來《パーハオトーリウシアライ》（いいものは残そう）」です。一つの都市が、古いものをすべて永遠にとどめていくことはあり得ません。よくないものまで、あえて残す必要はない。いいものを現代の人々に役立つように、もっとうまく、しっかりと丁寧に用いていけばいいのです。

第3章

タイナン・シュガーワールド

かつてサトウキビを運んでいた列車に乗りこみ風を切れば、
すっかり遊園地気分ではしゃぎっぱなしだ。

サトウキビのことでは、あまり、いい思い出がない。

台湾に住んでいた幼少期、道端で荷台いっぱいに黒い物干竿のようなサトウキビを積んだトラックが停まっていたことを覚えている。サトウキビ農家の直売だった。

サトウキビを搾り機にかけ、淡黄色の液体をチョロチョロと搾り出し、ビニール袋に溜め、お客さんに渡していた。「甘蔗汁《カンチョーツー》」という。サトウキビジュースである。

「甘蔗《カンチョー》」と注文すれば、ナタのような鋭利な刃物でサトウキビをざくざく切り分け、シャッシャッシャと黒い皮を剥がし、バナナのような黄色い芯を渡してくれる。当時の台湾人はかぶりついてクチャクチャと数回噛み、残った繊維をペッと吐き出すので、トラックの周りにはトウモロコシのヒゲのような食べカスが、山盛りになっていた。

サトウキビを食べる大人たちの姿がとてつもなく格好良く見えた私は、たまらなくマネしたくなり、母にねだった。

「全部ちゃんと食べきらないとダメよ」

台湾でいまでも栽培され、運ばれるサトウキビ。徐々に消えていく光景だ。

サトウキビ一本の量なんて考えていない私は、当然食べきる約束をして、買ってもらうことに成功した。

実際に手に取ったサトウキビの太さと重さに驚いた。太いし、固いので、子供の歯では簡単に噛み切れない。

結局、チュウチュウと汁を吸うしかできず、薄めに感じた甘さにもすぐに飽きた。母はこうなることを見越していたに違いない。食べきるまでは他のおやつを出してくれず、仕方なしに、毎日チュウチュウを繰り返した。頑張ったが完食はできず、母に平謝りして捨ててしまった。以来、サトウキビは、いくら食べても食べきれないものとして私の脳内にインプットされ、台湾の路上で直売のトラックを見かけても、あえて近づかなかった。

台湾を離れ、東京に移り住み、サトウキビの世界は私から遠ざかった。

2015年、東京で何気なしにつけたテレビで放送されていた「新渡戸稲造の台湾～スーツを着たサムライ～」を見て、再び台湾のサトウキビを思い出した。

新渡戸稲造が台湾にどのような貢献を行ったのかを紹介する番組だった。新渡戸稲造と言えば、旧五千円札に描かれた口ひげに丸メガネのインテリというイメージがあったが、この番組で思いがけず知ったのは、新渡戸が台湾では「台湾糖業の父」と呼ばれていたことだった。

私は、甘いものを食べない日がないほど、大の甘党だ。日常的に甘いものが簡単に手に入る時代に生まれたので、砂糖のありがたみが分かっていなかった。

台湾のサトウキビ栽培の歴史は古く、1600年代のオランダ統治時代から始まっており、日本へ輸出もされていた。しかし、石臼に水牛を繋ぎ、サトウキビの汁を搾取し、煮詰めるという原始的な製法で品質はあまり良くなく、生産量も少なかった。

日本統治時代の1901年、同郷の台湾総督府民政長官・後藤新平に招かれた新渡戸は台湾に赴き、視察を行った結果、台湾に適した農作物はサトウキビと判断し、意見書を総督府に提出した。台湾総督府は糖業を重点産業とし、糖業奨励規則を発布した。

新渡戸は、台湾の糖業の現代化を図るべく、台南の新化《シンホワ》に、台湾で初めてのサトウキビ試験場を建てた。ハワイから従来の品種よりも甘みの強いサトウキビの品種を持ち込んだ。また、最新の製糖機械も導入し、農家や投資家に製糖を奨励した。

新渡戸の狙いは当たった。その後、台南など台湾南部を中心にサトウキビ畑と製糖工場が次々と開かれ、台湾の製糖業は一気に現代化した。砂糖産出量は激増し、おいしい砂糖が日本へと運ばれた。

そんな台湾の製糖業も、戦後は海外産に押され廃れてしまったが、製糖を中止した工場跡は、それぞれの特色を活かした文化スポットへとリノベされている。

台南より電車で1時間弱北上した新営にある「新營鐵道文化園區《シンインティエタオウエンホワユアンチュイ》」は、かつての台湾五大製糖所の一つで、サトウキビを運んだ列車に乗り込み、ミニ鉄道旅行を楽しめる。鉄道ファンや子供に人気のスポットだ。

私が訪れたのは3月なのに、日差しは日本の夏のように強烈だった。想像よりずっと広い敷地には、かつてのサトウキビ運搬専用軌道が何本も引き込まれ、役割を終えた黄色の列車が、オブジェとして並べられている。

場内は、列車の切符を求める大勢の家族連れでにぎわっていたので、慌てて列に加わった。切符を手に入れ、いよいよ乗車だ。

ちなみに、サトウキビを運ぶ鉄道のレール幅は、ヨーロッパやアメリカのスタンダードな列車に比べて約半分しかないので、中国語の半分という意味の「五《ウー》分《フェン》」を使い、「五分車《ウーフェンチョー》」と呼ばれた。

乗り込む列車には可愛らしいキャラクターのペイントが施され、屋根付きの半開放式の車両となっている。ゆっくりと園内を走り出し、しばらくすると、一気

(上)ユーモアたっぷりに盛り上げてくれる五分車のガイドさん。
(中)カラフルに塗られた車両で子供たちの気持ちも自然に盛り上がる。
(下)駅で列車を待つ姿がノスタルジック。

(右)八老爺駅前で出迎えてくれる可愛らしい牛のキャラクター。
(左)駅舎で販売されている乳製品の数々。

に目の前に田園風景が広がった。オープン列車は、なかなか風が心地よい。

ガイドさんが笑い話を織り交ぜながら、ユーモアたっぷりに解説をしてくれるので、余計に盛り上がる。幼い頃、遊園地で小さな汽車に乗り、やけに興奮した記憶が蘇る。道行く畑のおじさんや、踏切に立っているおばさんに向かって、気がつくと無邪気に手を振っていた。

約30分の鉄道旅行の終点は「八老爺《パーラオイエ》」という駅である。近くには日本統治時代の木造駅舎を今も使っている「林鳳営《リンフォンイン》」という駅もある。

林鳳営一帯は乳牛が多く、林鳳営ブランドの牛乳やヨーグルトは台湾人にはお馴染みだ。

改札を出たとたん、マイクを持ったおばちゃんが、搾りたての牛乳やヨーグルト、牛乳アイス、牛乳ヌガーをこれでもかと宣伝している。

思い切り笑い、日差しと風を受けながらたどり着いたので、喉が渇きお腹もすいている。牛乳とヨーグルトを買った。牛乳はさっぱりした甘さが美味しかった。

列車は30分後、新營糖廠へ戻って行く。

短い時間で、台南の緑豊かな風景を楽しむことができ、清々しいひと時を過ごせた。台南で遊ぶ魅力の一つに、こういった穏やかでほっこりする体験がある。

製糖工場には、2つのシンボルがある。サトウキビ列車と煙突だ。最盛期には、台南に全台湾の製糖工場の8割以上が集中した。12月の収穫期にはサトウキビを満載して忙しく走る列車と、休みなくモクモクと白い煙を吐く煙突が、台南の街の風物詩となっていた。

サトウキビを植え、砂糖を造り、砂糖を取引して、台南の街は豊かになってきたのである。

どら焼き、ドーナッツ、カラメル焼きなど、台南では日本の昔懐かしいお菓子をよく見かける。また、台南の料理はよく台南以外に住む台湾人から「甘い」と言われる。その甘さは、高価な砂糖を使える裕福で豊かな土地の象徴と言えるだろう。今度、そんな思いを胸に、苦手だったサトウキビを再び口にしてみよう。大人になったいまなら、完食できるかもしれない。

長い距離を走るサトウキビ列車に乗れる製糖工場として人気。園内には鉄道に関連する展示室や東アジアで最も保存状態の良い活版印刷所「糖福印刷創意館」があり、見学できる。

新營鐵道文化園區近くに残る、いまも現役の日本統治時代の木造駅舎「林鳳営」。

新營鐵道文化園區

（新營糖廠）

シンインティエタオウェンホワユアンチュイ

台南市新営区中興路42号　P7
☎06-632-4570
9:00-17:00　㊡無休
「五分車」
発車時間…平日　団体予約のみ
土、日、祝9:00-16:00（1時間に1本）
運賃…大人100元、学生80元、子供50元
http://www.taisugar.com.tw/chinese/CP.aspx?s=361&n=10469

SUGAR WORLD

その昔、砂糖の袋に印刷などをおこなっていた工場。大量の活字など、印刷設備が保存されている。

台湾最大の酪農地域・柳營郷にある八老爺駅。五分車が到着するたび、多くの乗降客が駅舎で販売されている乳製品を購入する。

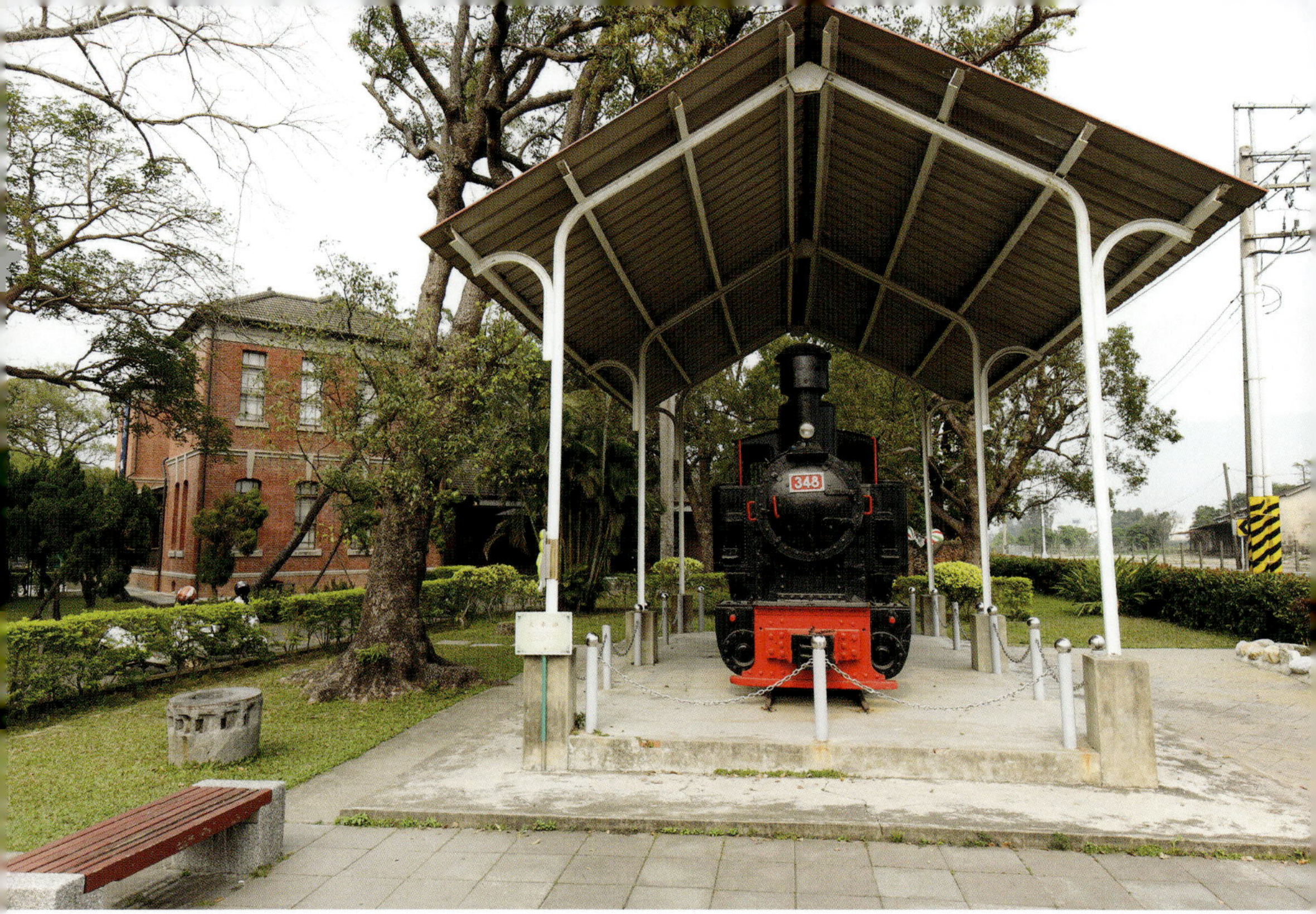

シンボリックに飾られている蒸気機関車。

總爺藝文中心

ツォンイエイーウェンチョンシン

台南市麻豆区南勢里総爺5号 P7
☎06-571-8123
9:00-17:00 ㊡展示館のみ月、火、大晦日
http://tyart.tnc.gov.tw

SUGAR WORLD

1906年、台湾に進出した明治製糖株式会社の本社所在地。工場長の宿舎、オフィス、クラブハウスなどが当時のまま残され、内部も見学できる。マンゴー、龍眼、ガジュマルなど台南らしい樹々が植えられた公園もあり、工場とはまた違った雰囲気で、静かに気持ちよく散策を楽しめる。

復元された工場長の宿舎。定期的に展示物の入れ替えが行われ、内部を見学できる。

この小さなお茶碗一杯に、うま味がぎゅっと詰まっている。

麻豆

總爺藝文中心がある麻豆区は、糖業で栄えた街だが、今は文旦の産地として有名だ。街の入り口には碗粿《ワークエイ》（お米をすりつぶしたものに、水と肉や干しえびなど数種類の具を加えて蒸した小吃）の名店「阿蘭碗粿《アランワークエイ》」がある。繁盛しすぎて道路の向かい側まで店を拡張し、いつも行列ができている。こぶりの碗粿に、豬腳花生湯《チューチアオホワションタン》（豚足ピーナッツスープ）を合わせれば、たちまちお腹一杯になる。

中山路《チョンシャンルー》は「麻豆老街《マートウラオチエ》」と呼ばれる一本道で、両側に大正から昭和初期にかけて建てられたバロック様式の家屋が並んでいる。

1938年に地元の名士が建てた映画館「電姫館」の立派さは目を引く。当初は白黒のサイレント映画を上映し、主に日本人が楽しむ場所だったが、戦争で閉館。戦後は「電姫戲院《ティエンチーシーユアン》」として再び営業を始めたが、映画業界の不振で1987年に再び閉館した。2007年、侯孝賢監督がここをロケ地とした同名のショートムービー『電姫戲院』を撮ったことで、観光名所となった。錆びた鉄格子、割れた窓ガラスを眺めていると、当時のにぎわいが目に浮かんだ。

映画撮影のために修復された電姫戯院。
かつて使用されていた入場券売り場。

阿蘭碗粿

アランワークエイ

台南市麻豆区中山路179-8号
☎06-572-4035
🕗6:30-20:30
㊡大晦日より正月2日まで
http://5724035.wunme.com

電姫戯院

ティエンチーシーユアン

台南市麻豆区中山路112号

台南初の児童を対象とした美術館。

蕭壠文化園區

（佳里糖廠）

シアオロンウェンホワユアンチュイ

台南市佳里区六安里六安130号　P7
☎06-722-8488
9:00-17:00　休月、火、大晦日
http://soulangh.tnc.gov.tw/

SUGAR WORLD

台南の總爺に本社を構えた明治製糖株式会社が建てた初の製糖工場。かつては大きな煙突から煙がモクモクと立ちのぼり、サトウキビ列車が走っていた。園内には14棟の大きな倉庫が立ち並ぶ。児童美術館やシラヤ平埔文化館として再利用され、世界の芸術家の創作活動のアトリエやパフォーマンスの場にもなっている。

園内に並ぶかつてのサトウキビ列車。動かないが、中に乗り込むことができ、子供たちの写真スポットとして人気がある。

すでに操業停止となっている製糖工場だが、廃工場を見て回ることができる。製糖の歴史をじっくりと、肌で感じるのも悪くない。

十鼓仁糖文創園區

（仁徳糖廠）

シークーレンタンウェンチョワンユアンチュイ

台南市仁徳区文華路2段326号　P7
☎06-266-2225
9:00-17:00（日、火～木21:00まで金土21:30まで）
入園料…大人399元、学生380元
㊡夜間のみ月曜休園
http://www.tendrum-cultrue.com.tw/

日本統治時代、三井財閥等財界の有力者によって設立された「台湾製糖」の製糖工場。操業開始は1910年。巨大な液糖貯蔵タンク内で製糖所の歴史が展示され、カフェも併設されている。台湾で有名な太鼓パフォーマンスグループ「十鼓撃楽団」が運営し、園内で演奏を行う。

園内のアトラクションは随時変動するので、HPで確認したほうがよい。

奇美博物館

チーメイポーウーコワン

台南市仁徳区文華路2段66号　P7
06-266-0808
9:30-17:30　休月
（入場には事前にHP上での予約が必要。状況により当日券販売もあり）
http://www.chimeimuseum.org/

博物館のメインホール。不定期だが、バレエやオペラ、クラシックコンサートなどが開かれる。

鼓仁糖文創園區から車で10分足らずの場所にあり、合成樹脂の世界大手「奇美実業」創業者であり、親日家としても有名な許文龍《シュイウエンロン》氏が建てた博物館には、彼が収集した世界各国の美術品が展示されている。特にヴァイオリンのコレクションは素晴らしく、稀少なストラディバリウスをたくさん見ることができる。

奇美博物館の建物は、ここは本当に台湾？と見間違うほど大きくて美しい。

森林の中を走り抜ける五分車。

SUGAR WORLD

烏樹林休閒文化園區
(烏樹林糖廠)
ウーシューリンシウシエンウェンホワユアンチュイ

台南市後壁区烏樹里184号　P7
☎06-685-2681
平日9:00-17:00　土日8:30-18:00
「五分車」
発車時間…平日10:00／14:30のみ
　　　　　土、日、祝9:30-16:30
　　　　　(1時間に1本、12:30は運休)
運賃…大人100元、子供50元
http://www.wslin.com.tw/

サトウキビから作られる黒糖。しっかりとした甘味が口の中に広がる。

1 910年、東洋製糖株式会社が設立した製糖所。新營製糖所とともに、サトウキビ列車に乗れる製糖所跡地として人気を集める。

新營製糖所ほど距離は長くないが、緑豊かな森林を駆け抜ける列車からは、また違った景色を見られる。

烏樹林の駅舎には、流暢な日本語を話す老人がいる。1928年生まれの最後の駅長・林海西《リンハイシー》さんだ。1944年に烏樹林糖廠に就職し、鉄道課に配属されて以来、廃線になるまで勤務し、いまも烏樹林糖廠の生き証人として歴史を語り継ぐ。

園内の旧宿舎はレストランとなり、黒糖かき氷が美味しい。

また、烏樹林休閒文化園區のある後壁区は、台湾の穀倉地帯として有名で、清朝時代の建物が多く残る「菁寮老《チンリアオラオ》街《チエ》」がある。

(上)今でも五分車の発車に合わせ、元気に乗客を送り出す林海西さん。
(下)上品な盛りつけの八宝氷。どれもほどよい甘さでおいしい。

森の中にある烏樹林駅。木造の駅舎が大切に保存されている。

製糖所のシンボルの煙突。
秋から冬にかけ、白い煙が
モクモクと立ちのぼる。

台湾で稼働中の製糖所は2カ所だけ。うち一つが善化糖廠だ。台湾人資本で1904年に設立され、後に台湾製糖株式会社が買収した。製糖所は団体予約で見学が可能。周囲には「善糖文物館」があり、日本統治時代の四大製糖所の歴史や、鉄道に関する貴重な資料を展示している。

善化

日本統治時代の製糖所で繁栄した善化は台南名物「牛肉湯（牛肉スープ）」の聖地だ。台湾南部最大の食肉処理場がある関係で、台湾全土で食べる新鮮な牛肉のほとんどがここから運び出されていく。その昔、善化では牛の売買を専門に行う「牛墟《ニウシュイ》」と呼ばれる牛市が開かれていた。

1990年代に入り、農業の機械化が進み、市場での牛の取引は中止され、現在は生鮮食品市場と蚤の市を兼ねた青空市場が、毎月の2と5と8が末尾につく日に開催される。

有名なお店は「258牛肉湯」。肉厚で、量が多く値段も安い。台湾では珍しい「牛肉焿《ニウロウコン》（牛肉のとろみスープ）」もある。

善化糖廠
シャンホワタンチァン

台南市善化区渓美里310号　P7
☎06-581-9731
文物館…9:30-16:00　㊡月、土
http://www.taisugar.com.tw/Sugar/CP.aspx?s=132&n=10236

(左)牛肉湯の聖地・善化で定期的に開かれる青空市場。食材だけでなく、農機具なども販売している。
(右)新鮮な牛肉を使った料理を提供する「258牛肉湯」。この店を目当てに市場にくる人も多い。

善化牛墟
シャンホワニウシュイ

台南市善化区南126郷道102号　P7
毎月の2と5と8が末尾につく日(6:00-12:00頃)

258牛肉湯
258 ニウロウタン

台南市善化区什乃里(善化牛墟内)
毎月の2と5と8が末尾につく日(5:30-12:00頃)

善化胡家里彩繪村
シャンホワフーチアリーツァイホイツン

台南市善化区胡家里300号(陽明国小)　P7
＊辺り一帯に壁アートが点在している。

村おこしのために、住民が建物の壁に絵を描きはじめた。その可愛さが評判となり、観光名所となっている。

アニメのキャラクターや、台湾らしいキュートな壁アートに出会えるスポット。

アイスキャンディー

小豆や牛乳など、オーソドックスな味のほか、黄身や杏仁など、塩味の効いたユニークなものもある。全体的に甘さは控えめなので、喉の渇きを潤してくれるアイスキャンディーだ。

日本統治時代に建てられた製糖工場は、終戦後、台湾糖業公司が全て接収して経営した。白地に赤い文字で書かれた「台糖」のロゴは、シンボルマークとして台湾人に親しまれている。

台南のどの製糖所でも共通して食べられるものが「台糖冰棒（台糖アイスキャンディー）」だ。

工場で働く人たちに食べてもらおうと研究して作り出され、製糖所内の売店で販売され続けてきた。

種類が豊富で、小豆、緑豆、タロイモ、ピーナッツなど、日本人にとっては珍しい味も揃っている。40代以上の台湾人にとっては、子供時代の懐かしい味であり、定番の商品だ。

ハーゲンダッツのような乳成分の多いリッチなアイスクリームの味に慣れた現代人には物足りないぐらいあっさりしているが、台湾のような高温多湿の土地にぴったりの味である。

第4章

昭和天皇と一緒に歩く台南

百年近い時を経て大きく成長した、裕仁皇太子が植樹したガジュマルの木。広大なキャンパスを持つ成功大学の中でも、ひと際目立つ存在だ。

「裕仁皇太子が植樹した木があるから見に行きましょう」

台南の成功大学を案内してくれた台南人が突然、言い出した。

正直、戸惑った。裕仁皇太子といえば後の昭和天皇であるが、天皇家についてさほど詳しくない。皇太子が植樹した木と聞いても、ピンとこなかった。

ところが、実際にこの目で見てみると、その迫力に圧倒されてしまった。

「この〜木　なんの木〜♪」のメロディーのCMに出てくる木にもよく似た、見事なガジュマルの木が、手入れの行き届いた芝に囲まれ、かっこよく、そびえ立っている。

なんか、すごい。レンガ色の校舎に木の緑がさし色となり、視覚的にも大変美しい。

南国の台南の厳しい日差しを、生い茂る葉が優しく遮る。木陰では、ダンスの練習に励む大学生やお昼寝をする市民がいる。子供を気遣うお母さんの優しい手のなかにあるような感覚に包まれた。

台南の各地を訪れていると、私が日本人だからだろうか、「皇太子が来た場所

修復され、一般開放されている台南市知事官邸。裕仁皇太子が起居した部屋もある。

だ」「ここに皇太子のことが書いてある」など、裕仁皇太子に関連した事跡について、台南人が誇らしげに語る場面にたびたび出くわす。

台湾の東海岸の都市、花蓮の富里《フーリー》という場所を車で通ったときには、畑の真ん中に「御皇米《ユイホワンミー》」と書かれた看板を見かけたことがあった。英語名は「Temno Rice」と書かれている。日本の新潟のコシヒカリと同じ品種で、「天皇に献上できるような最高品質の米である」ことから名付けられたという。

台湾で「天皇」は最高級のブランドなのである。

そもそも、台湾の人々にとって、天皇とはどういう存在なのだろうか。

20、30代の若者は「教科書や本で読んだことがある」という程度で、確固たるイメージはないようだ。

40代以上の人の多くは、小さい頃、両親や祖父母から天皇のことを聞かされ、「特別な人」という印象を抱いている。

80代以上の高齢者は、理屈ではなく、存在そのものが貴重であり、敬うべき対象であると感じている。日本統治時代の教育を受けた世代特有の思いだろう。日本人にかなり近い感覚かもしれない。

裕仁皇太子の台湾行啓（訪問）は、1923年の4月12日から27日まで行われた。横須賀から戦艦「金剛」で出港し、4日後の16日に台湾に到着している。

裕仁皇太子は20歳の若さで、体調を崩していた大正天皇のもと、摂政に就任した。台湾行啓時は21歳。今日に至るまで、台湾を訪れた最も位の高い日本の皇室の人物だ。

台湾に滞在した12日間のうち、台南で1日半を過ごした。その間、孔子廟や台南公園、安平などを訪れた。当時の台南

電光掲示板や自動改札機が並ぶ台南駅だが、駅舎本体は、日本統治時代の面影がそのまま残っている。

は、清朝時代から政治、文化、経済の中心として台北に次ぐ地方都市として発展しており、日本にとっても、台北、台中と並び、近代化政策を推し進めた重要な都市であった。

『一九二三年《台灣之文化》寫真照片』という本が、2013年、台湾で出版された。これは、裕仁皇太子の台湾行啓に同行した内外評論社が編纂《へんさん》したものだが、興味深い記述がある。

「……健忘症に慣るゝ我が國民の多数――切に云へば知識階級に属する人々が、台灣統治の實績、又はその内容――汎き意味にいへば『台灣』其のものを、記憶の中心より遠ざけ、ほとんど他人扱ひに、植民地に對するものが多い……」

これは要するに、日本社会では「台湾」が存在していないに等しかったということで、植民地であった台湾は関心を持たれる土地ではなかったと述べているのである。

同書にある「東宮殿下南國御巡啓記」という章によると、1923年4月20日、裕仁皇太子は台南に到着している。到着後、知事官邸や孔子廟など、10カ所を視察し、翌日は、昼に高雄へ出発するまで、台南市の西側の安平を中心に、3カ所を視察した。

本に書かれていたのと同じスケジュールで動こうと試みたが、出発点の台南駅から知事官邸までの移動で渋滞に巻き込まれてしまい、最初から時間通りに進まなかった。

各国の首相や大統領の視察といえば、交通規制などをしながら分刻みのタイトなスケジュールで動くのが常だが、約100年前の裕仁皇太子の台湾行啓も、交通規制があったのかどうかは分からないが、たいそう急ぎ足の内容だった。

1895年、日清戦争による下関条約に基づき、清朝から台湾が日本に割譲され、台湾は日本の領土となった。当時の台湾は「化外の地」と呼ばれるほど交通は整備されておらず、風土病が蔓延していた。

台湾は日本にとっての初めての植民地。最初の約20年間、台湾住民の大きな反抗に遭った。それでも、戸籍制度を導入し、1908年には台湾縦貫鉄道を完成させるなど、インフラをたくさん整備した。

台湾と日本（内地）の差別をなくすよう、台湾人と日本人の共学や結婚を認め、「同化政策」（あるいは「内地延長主義」）に切り替えた。

　裕仁皇太子の台湾行啓は、この方針の総仕上げとして行われたと位置づけられる。裕仁皇太子は各地を綿密に回り、同化政策の成果を見届けた。台南でも教育と産業施設を中心にルートが組まれた。

　教育現場としては、南門尋常小学校（現・市立建興国民中学）、台南第一公学校（現・国立台南大学附設実験国民小学）、台南州立第一中学（現・国立台南二中）、台湾総督府台南師範学校（現・国立台南大学）といった学校施設を訪れた。

　どの建物も、今日まで何度も改修を重ねながら、当時の面影を残している。明治時代後半から大正期にかけて流行した、赤レンガに花崗岩を取り混ぜる「フリークラシック様式」で、東京駅や台湾総督府に通じる外観だ。いくつか回ってみると「あれ、さっき見たのと同じでは？」と錯覚を起こしそうなくらい、それぞれがよく似ている。

台南市内では、レンガ造りの重厚感漂う校舎や建造物を多く見ることができる。

　裕仁皇太子は、台南公園の訪問にもかなり時間をかけた。台南公園は台南市街地の北側にある大きな公園で、台南で最も古い。開園した1917年当時は、運動場や噴水、養殖池も設計され、熱帯植物の実験林も兼ねていた。そのため、ナンヨウスギやダイオウスギなど、南国気分にさせてくれる植物が多く、台南が熱帯地方であることを実感させられる。

　これらの熱帯植物は、現在、台南市政府によって「珍貴老樹《チェンコイラオシュー》」（貴重な老樹）に

市民の憩いの場となっている台南公園。

台南神社の社務所だった忠義国民小学校の図書館。子供たちの目線に合わせて配列された本。大空間の中で、読書灯の燈火が優しい雰囲気をかもし出している。

指定されている。裕仁皇太子も当時、この公園で南国気分を味わった様子が本に描かれていた。

また、裕仁皇太子は「北白川宮御遺跡所」も視察した。

日本の皇族であり、軍人でもあった北白川宮能久親王は、1895年に台湾征討近衛師団長として出征し、5月29日に台湾に上陸した。台北を陥落させ、一団は南進し続けて台南に入った。

1939（昭和14）年に発行された『台南市讀本』は、台南の郷土史を詳細に記したものだが、そのなかに「北白川宮殿下と臺南御入城」と題して、台南入城の様子が詳細に記載されている。

北白川宮能久親王は嘉義を出発し、10月19日に台南の鹽水に入った。当時の台南は、劉永福《リウヨンフー》という清朝末期の軍人が君臨していた。台南を落城させるべく、北白川宮能久親王率いる一団は劉永福との戦いに向かうが、劉永福は兵を率いて安平から船に乗って中国に逃げてしまっていた。

台南は10月21日に陥落したが、北白川宮能久親王は同月の17日から発熱が続き、マラリアに罹っていた。22日に台南に入

（上）日本統治時代に建てられた武徳殿。現在は忠義国民小学校の一部として、剣道の稽古や式典を行う場所として使われている。
（下）小学生から大人までが集まって剣道の稽古を行っていた。日本にいるような錯覚を起こしてしまうほど本格的。

城後も体調は改善せず、28日に地元名士の呉汝祥《ウールーシアン》宅で逝去している。台湾全土平定直前のことだった。ちなみに、呉汝祥は現在の呉園《ウーユワン》（旧・台南公会堂）の持ち主であり、塩の販売で財を成した台南の富商・呉尚新《ウーシアンシン》の一族だ。

　北白川宮能久親王の遺体は、安平から日本に運ばれた。皇族としては初めての、外地における殉職者だった。多くの人が悲しむなか国葬が行われ、1923年10月には、北白川宮能久親王を主祭神とする台南神社が創建された。

　裕仁皇太子が訪れた4月は、神社がまだ完成していなかったため、呉汝祥宅を訪れた。残された粗末な寝台などを目の当たりにし、厳しい環境下で闘病した北白川宮能久親王に思いを馳せ、青ざめた顔色になっていたと『一九二三年《台灣之文化》寫真照片』に描かれている。

　戦後取り壊された台南神社の中で唯一残っていた社務所は、いま忠義国民小学校の図書館として利用されている。

台南で裕仁皇太子が泊まった台南市知事官邸。起居した部屋には、幼少時の写真や、実際に使用した机などが展示されている。

　その図書館内には、靴を脱いで入る。元の建物を活かし、柱のない空間だ。図書は壁面に並べず、周囲の窓から自然の光を採光できるよう配慮されていた。スタイリッシュで温かみがあり、歴史を感じさせる図書館だ。こんな場所で本が読めるなら、子供も図書館が好きになりそうだ。

　行啓を終えた裕仁皇太子は、台湾を「好い處だ、好い處だ」「台湾は大層暑い處のように聞き及んでいたが少しも暑く無いではないか」と語っていたという。

　裕仁皇太子が最初に上陸した台湾の地は、台北より少し北側にある基隆市だった。基隆と言えば、私の父の一族の地元である。

　父の姓は「顔」と書き「ガン」と読む。戦前の台湾には、5つの大きな財閥があったが、その一つが基隆の顔家だった。1800年代に大陸の福建より台湾に渡り、曾祖父の代より基隆市に住み、九份で石炭や金を採掘し、財を成してきた。

孔子廟の中の大成殿。殿内に掲げられている扁額は、歴代の皇帝が孔子を讃えて贈ったもの。

裕仁皇太子が台湾を行啓する際、3人の台湾人に招待状を出した。うち1人が、基隆の顔家だった。地方の名士として、顔家の名が通っていたからだろうか。

顔家と裕仁皇太子の縁はまだある。基隆にあった顔家の邸宅「陋園」は、立派な檜御殿と洋館が並ぶ豪邸だった。曾祖父の顔雲年は台湾総督府評議会評議員を務め、日本語も堪能だった。そういうことがあり、基隆における裕仁皇太子の宿泊先に陋園が指定されたのだ。家の隅々まで消毒液を撒き、数日間続けて大掃除が行われたことを親戚から聞いた。

ところが、裕仁皇太子の行程が直前になって急に変更され、立ち寄りだけとなった。曾祖父や祖父はたいそうがっかりしたことだろう。でも、立ち寄りだけでも自慢となる話で、顔家では今も語り継がれている。

ちなみに、父は10歳のとき、日本へ内地留学をし、東京・千代田区の番町小学校から学習院中等科に入学した。祖父も日本留学の経験を経て、曾祖父の会社を継いでいる。実業家としての顔を持ちながら貴族院議員にもなり、日本との関係をより一層強めていった。

祖父はわざわざ、台湾から父の授業参観に来たらしい。天皇家が通う学校に父を入学させたことは、この上ない名誉なことだと感じていたのだろうか。

血筋は争えないのか、父も後に私を学習院に入学させた。それまで娘に対してなにも要求したことのない父の、唯一と言っていい願いだったらしい。入学式はもちろんのこと、運動会、文化祭など、行事があれば、そのほとんどに父は顔を出した。

曾祖父の代より繋がってきた台湾の顔家と皇族との縁。裕仁皇太子の台南での足跡をたどりたいと思ったのも、自分のどこかに眠っていた「皇室」への好奇心が、ムクムクと動きだしたからかもしれない。

台南には、実に多くの裕仁皇太子行啓にちなんだ古蹟がある。歩いていると目移りしてしまうし、多すぎて頭の中で整理がつかなくなってしまうほどだ。

裕仁皇太子の行啓を再現しようとしたが、結局、そこから派生して行きたい場所が増え、たっぷり2日もかかってしま

台湾最古の孔子廟として、台南のシンボルとなっている。
朱色は魔除けと喜びを表す。

孔子廟の中にある孔子の弟子・顔回の位牌。私の父の遠い先祖だと聞いているので、自然と手を重ね合わせたくなった。

った。

あるテーマに沿って回る旅は、普段は足を向けない場所を訪れ、新しい発見を楽しめるきっかけとなる。裕仁皇太子と一緒に歩く台南の旅も、一つのスタイルとして提案したい。

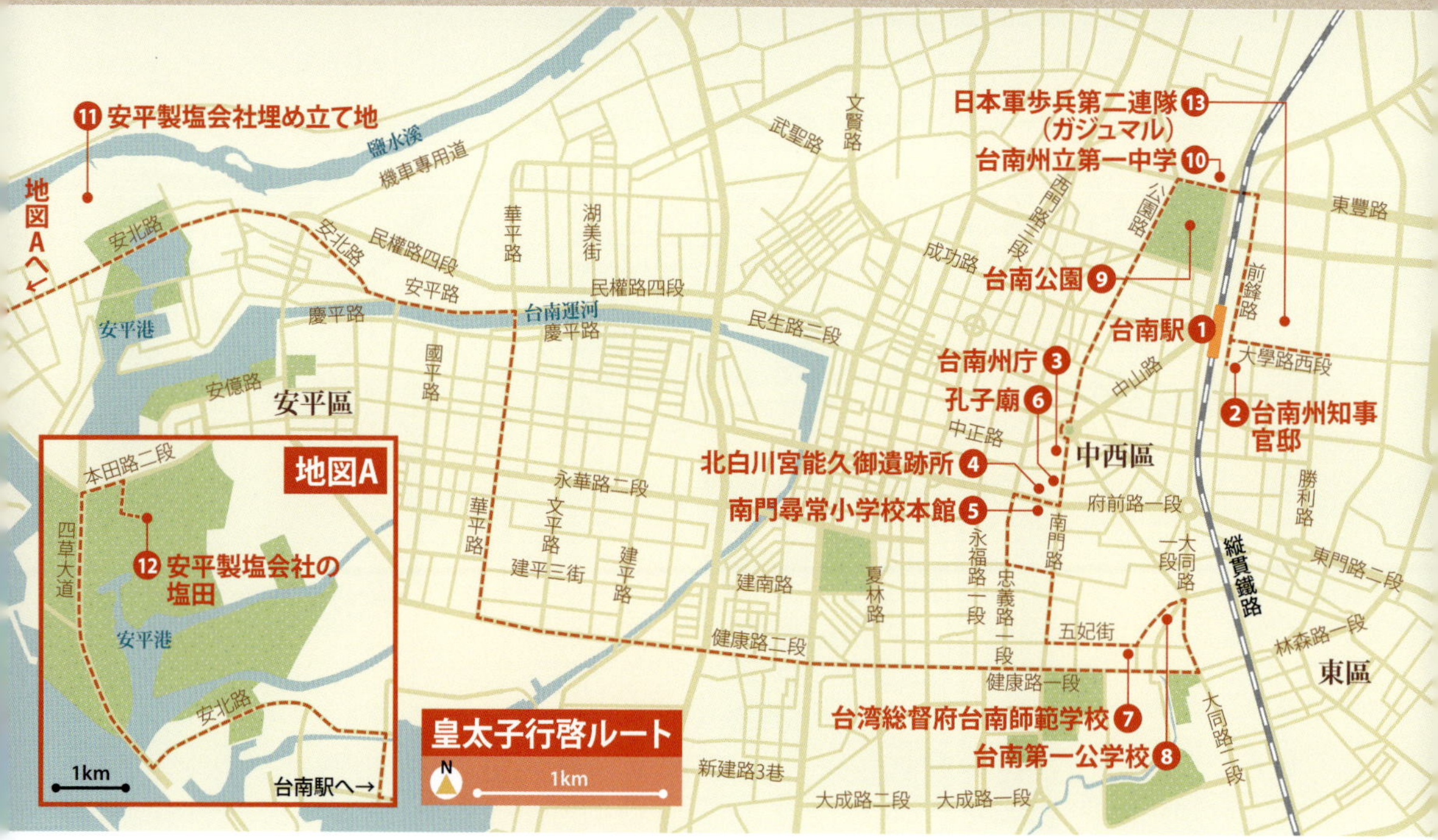

裕仁皇太子が実際に行啓された場所をご案内しよう。
上記の地図の番号順に、2日かけて台南市を回った。

今

昔

1 台南駅
（現・台南火車站）

台南市東区北門路2段4号

台南駅は木造建築として1900年に完成。1936年に鉄筋コンクリート造の2階建て現駅舎となり、1階は駅の出入り口、2階は食堂、旅館として使用された。1965年に旅館が休業し、2階は長年閉鎖されていたが、近く、鉄道ホテルに改築される予定だ。

今

昔

2 台南州知事官邸
（現・台南市知事官邸）

台南市東区衛民街1号
☎06-236-7000
10:00-19:00 休月

1900年完成。和館と洋館の2つの建物があったが、復元されたのは洋館のみ。2階建ての洋館は知事官邸としてだけでなく、南台湾で唯一となる皇族の宿泊施設として設計された。完成から1941年までに、ここを訪れた皇族の人数は20名にのぼり、その数は台湾一だと言われている。裕仁皇太子行啓時の宿泊地で現存する建物は、台北にある「台北賓館」とここだけだ。裕仁皇太子が実際に起居した部屋などを見学し、併設のレストランで、皇太子が台湾の果物でいちばん好きだったとされるパパイヤを使った「焗海鮮木瓜麵（ベイクド海鮮パパイヤパスタ）」を堪能できる。台南グッズの土産品も販売されている。

今

昔

3 台南州庁
（現・国立台湾文学館）

台南市中西区中正路1号
☎06-221-7201
火～木、日9:00-18:00　金土9:00-21:00
休月

旧・台北州庁（現・監察院）や旧・総督官邸（現・台北賓館）など、日本統治時代の台湾で多くの官庁建築を手がけた建築家・森山松之助の1916年の作品。戦後は空軍の司令部として使用され、その後は台南市政府の庁舎となっていた。修復工事を重ね、新旧の建物が2003年に国立台湾文学館として開館。パリのアパルトマンを彷彿とさせるマンサード屋根を特徴とし、館内には図書館やカフェを併設。定期的に文学に関連したさまざまな展示を行っている。

今

昔

④ 北白川宮能久御遺跡所
(現・公11公園と忠義国民小学)

台南市中西区忠義路2段2号

北白川宮能久親王は、台湾進軍中に台南の富商・呉汝祥宅の「宜秋山館」で亡くなった。宜秋山館には、籐枕附木製寝台、木製支那式寝台、赤毛布、藺蓆《いむしろ》(い草で編んだむしろ)、発病中に使用した担架などが保存されていた。敷地内には北白川宮能久親王を主祭神とした台南神社が創設されたが、戦後に解体され、神社の社務所だけが現・忠義国民小学校図書館として残っている。

今

昔

⑤ 南門尋常小学校本館
(現・市立建興国民中学、中正大樓)

台南市中西区府前路1段239号
☎06-213-9601

1915年、日本人子女が通う台南第二尋常高等小学校として開校。当初は清朝時代の建造物を校舎として使用していたが、1919年、校舎を拡張し、裕仁皇太子が行啓した建興国中・中正大樓が落成した。1921年の教育制度改革により、南門尋常小学校となる。外壁のレンガの赤と白色のコントラストが美しく、イオニア式の列柱がある。数回の修復工事を経ているが、ほぼ当時のままの姿をとどめている。

今

昔

⑥ 孔子廟

台南市中西区南門路2号
☎06-221-4647
🕗8:30-17:30
㊡大晦日と正月

1665年、鄭成功の息子・鄭経《チョンチン》が、参謀長の陳永華《チェンヨンホワ》の提案を受けて創設した、台湾最古の孔子廟。日本統治時代、孔子廟内に台南公学校が設立され、台湾人に日本語教育を施した。台湾における伝統的な儒教を理解するため、孔子廟を行啓した際の裕仁皇太子の写真も展示されている。

今

昔

7 台湾総督府台南師範学校

（現・国立台南大学紅樓）

台南市中西区樹林街2段33号
☎06-213-3111

1899年に設立。資金不足で一時閉校されたが、台湾総督府国語学校台南分校として赤崁樓で再開。台湾総督府台南師範学校になり、1922年、現在地に移転。3階建ての紅樓は大学構内で最も歴史が古く、回廊が美しい。裕仁皇太子が行啓の際、授業の様子を参観した。植樹した黒松は、紅樓の前で形よく根を張っている。

今

昔

8 台南第一公学校

（現・国立台南大学附設実験国民小学）

台南市中西区樹林街2段31号
☎06-213-2566

1896年に孔子廟内に設立された台湾総督府台南国語伝習所が前身。のちに、赤崁樓に移設され、1921年、台南第一公学校となった。現在は国立台南大学附設実験国民小学となっている。裕仁皇太子は師範学校を訪れ、授業参観をされた。

今

昔

9 台南公園

台南市北区公園路356号

1917年開園、台南市最古で約4万坪を有する最大の公園。開園当時は運動場や養殖池、植物園などもあり、人々の憩いの場となっていた。熱帯実験林としての役割も持っていたため、熱帯植物が多く植樹されている。開園時に建てられた公園管理事務所はコーラルストーンを使用した珍しい建物で、現在も派出所として使われている。

今

昔

10 台南州立第一中学

(現・国立台南二中紅樓および学校史料室)

台南市北区北門路2段125号
☎06-251-4526

1914年、台湾総督府台南中学校として開校。台湾中南部における男子高等普通教育の拠点となった。1922年、台南州立第一中学に改称。当時学校の本館として建てられたレンガ造りの2階建ての紅樓は、現在、行政センターとなっている。2階の学校史料室内には、行啓を記念した「皇太子記念文庫」がある。

今

昔

⑪ 安平製塩会社埋め立て地
(現・夕遊出張所一帯)

台南市安平区古堡街196号
☎06-391-1088
平日10:00-18:00　土日10:00-19:00
㊡無休

1922年、台湾総督府専売局台南支局が安平分室を設置した。周囲には倉庫や工場などもあったが、後の専売局職員の宿舎となった1棟が残り、現在の観光スポット「夕遊出張所」になった。木造の日本家屋内には、塩に関する各種お土産もあり、独特の塩味のソフトクリームも食べられる。

今

昔

⑫ 安平製塩会社の塩田
(現・塩田生態文化村)

台南市安南区大衆街101巷12号
☎06-284-0073
9:00-17:00　㊡土日

1923年、台湾製塩株式会社が安平に塩生産工場を開いた。現在、この一帯に当時の塩田が復元され、製塩の歴史を学べる施設となっている。また、近くの沿岸を回る遊覧船もある(P80参照)。

四草大衆廟横から発着している遊覧船に乗り、台南の干潟や入り江である「台江」巡りをすれば、台南沿岸の様子を理解することができる。

四草大衆廟

（台江とマングローブめぐりができる船の発着場所）

台南市安南区大衆路360号　P7
☎06-284-1610
（季節や人数によって変動があるため、乗船時間は要問い合わせ）

今

昔

13 日本軍歩兵第二連隊

（現・国立成功大学光復校区）

台南市東区大学路1号
☎06-390-1175

台南における裕仁皇太子行啓の最後の地点。現在の成功大学一帯は、日本陸軍歩兵第二連隊が駐屯していた。鉄筋コンクリート造りの実験的建造物として建てられた営舎のそばに、裕仁皇太子がガジュマルを植樹した。その両横に、1925年には第二皇子秩父宮雍仁親王が、1926年に第三皇子高松宮宣仁親王がそれぞれガジュマルを植樹したので、現在は3本のガジュマルの樹がある。

INTERVIEW

インタビュー

「台南文化資産保護協会」理事長

范勝雄《ファンションション》さん

1972年頃だったと思いますが、私は台南市政府の仕事をしており、市内の古蹟(歴史的建造物など名所旧跡)の保存にも関わっていました。当時、台湾の国民党政府は、中華人民共和国と国交を結び台湾と断交した日本に反発していて、日本統治時代から残された建築物はすべて取り壊せと命じたのです。つまり、日本のものは一切残すな、ということです。

しかし、私たち台南の現場では、その命令があっても積極的に実行しようとはしませんでした。結局、引き延ばしてうやむやにしてしまったのです。

断交以前は、日本時代の建物を保存しようとはしていなかったものの、あえて取り壊すということもありませんでした。それが、断交後は日本製品をボイコットする運動が起きるなど、全体的に日本への反感が高まっていたのです。

それでも、現場では、取り壊しをうまく回避しようとしました。台南には日本時代の建物が本当に多く、それらをなくしてしまうのは惜しかったからです。結果的には、神社を除き、取り壊されたものはあまりありませんでした。

神社は日本の存在を象徴するものですから、やむを得なかったのかもしれません。また、日本が台湾に攻め込んだときに台南に来た部隊が3つあるのですが、その部隊名「北白川宮」「貞愛親王」「乃木」が彫られた石碑も、石の表面の字が削られ、別の文字に変えられました。

その後、台湾では「文化資産保護法」ができました。この法律で、政府はむやみに古蹟を壊せなくなったのです。この法律により、台湾で最初に保護対象と指定された古蹟が、台南の赤崁樓です。

ただ、日本時代の古蹟については、保護対象となることはありませんでした。そのため、台南の地方法院(地裁)の保存問題が起きました。台南は重要な都市だったため、台北、台中と並んで地方法院がありましたが、その建物は日本時代に建てられたものでした。そして、台南の地方法院を解体しようという動きが出てきたのです。

しかし、台南の成功大学などの学者が反対の声をあげました。この地方法院は、日本時代の四大建築物の一つ(他は台湾総督官邸、台北帝国大学医学部附属医院、台湾総督府博物館)とされており、台南にとって非常に重要であると。結果、

INTERVIEW

いまも台南の古蹟保存に尽力している范勝雄さん。

地方法院は保護古蹟に指定され、日本時代の建築を保護することが、法的にも可能になったのです。

台南市の古蹟の保存状態が、他の都市に比べて特別に良いということはありません。数も台北に比べると少ないです。首都・台北には、総督府など、日本人は多くの建築物を建てました。台南では、狭い地域に集中しているので、数のわりに目立つという部分があります。

私は、1996年から20年ほど、文化資産保護協会で働いています。文化資産の保護が仕事です。一年に一度、大きな特別展を開催し、出版物も出しています。

私が日本建築で好きなのは、大正5年に完成した台南州庁、現在の台湾文学館です。私が補修に関わり、いまの仕事場でもあります。もともと、この建物は台南でいちばん大きな建築物でした。それが、戦時中に空襲をうけて屋根がすべて焼け落ち、廃墟に等しくなってしまった。台南市政府が引っ越してくる予定だったのですが、修復するお金がないので、空軍がひきとり、「供応司令部」として使用しました。いまで言う「後方支援（ロジスティックス）」で、軍需物資を担当するところです。

文学館の近くには、日本時代には「児玉公園」と呼ばれていた公園「圓環《ユアンホワン》」もあります。

最近台南で多いのは、古い建物をカフェなどに作り替えることです。これを私たちは「文《ウェン》創《チョワン》」と呼んでいます。古いものだからといって簡単に壊さず、残しながら再利用しようとしているのです。

私たちは、古蹟保存について、どの時代のものでも、価値があるものは残していくというスタンスです。どの国でも、どの文化でも、古蹟の保存はそうあるべきです。以前のように日本のものを特別に意図的に取り壊してしまうような排斥的な態度はよくありません。日本が過去に台南にきて、統治していたことは一つの歴史であり、変えられるものではなく、消してしまうこともできないのです。

古蹟もまたカフェと同じで、古いものに新しいものを加えて「再利用」をするものだと思っています。外観は昔のままでも中を新しくする、あるいは、古いものを壊さずにいいところを残し、新しいものを組み合わせる……台南の人々は、こういった新旧結合が好きなのです。

第5章

日本人のおくりもの
～水～

八田與一が完成に貢献した烏山頭ダムの
土手から見たダム湖。

台南には「神様」のように、今日まで尊敬を集めている日本人が2人いる。

一人は杉浦茂峰。別名、飛虎将軍。杉浦は日本海軍のパイロットで、1944年に台湾沖航空戦に出撃し、台南上空で撃墜された。民間人が住む集落に墜落しかけた零戦を必死に操縦し、離れた畑に機体を落とそうと全力を尽くした。そして、最後に脱出を試みたパラシュートが敵機に掃射され、結果、畑に墜落死した。

地元の人々は、村を守った恩人に感謝し、1971年、墜落した場所の近くに小さな祠をもうけた。1993年には、杉浦茂峰を主祭神とした「飛虎将軍《フェイフーチアンチュン》廟《ミァオ》」を建立した。

戦後70年を迎えた2015年、日本の有志が御輿を奉納するなど、台南の地で「将軍」となった日本人をめぐり、日台の交流が続く。

もう一人の「神」である八田與一は、私と台湾をつないだ人でもある。虫プロダクションが製作したアニメ『パッテンライ!!　南の島の水ものがたり』で、主人公・八田與一の妻・八田外代樹の声優出演に声がかかった。タイトルの「パッテンライ」は漢字で「八田來（八田がやってくる）」と書く。これを台湾語読みしたものが「パッテンライ」だ。

　1886年に現在の石川県金沢市で生まれた八田與一は、東京帝国大学の土木科を卒業し、台湾で数々の水利事業に携わった。その代表作が、台南にある烏山《ウーシャン》頭《トウ》ダムだ。

　台南や嘉義の台湾南西部には、広大な嘉南平原が広がる。干ばつ、洪水、塩害という三重苦に喘ぐ不毛の土地だった。苦しむ農家を救おうと、八田與一はダム建設に乗り出した。

　1920年から10年を費やした大工事で烏山頭ダムは完成した。コンクリートをほとんど使用しないセミ・ハイドロリックフィルという先進的な工法を用い、完成当時は世界一の大きさを誇った。万里の長城の約6倍もの長さの給排水路も整備された。嘉南平原は台湾最大の穀倉地帯に生まれ変わり、農民の暮らしは大きく改善された。

　後に八田與一は陸軍に徴用され、フィリピンの綿花育成のための灌漑事業調査に向かう輸送船に乗り込むが、1942年5月8日、米軍の潜水艦により撃沈され、悲運の死を遂げてしまう。妻・外代樹は終戦後、夫の造ったダムに身を投げ、生涯を閉じた。

「いまの私たちがあるのは、八田さんのおかげです」

以前、穀倉地帯として有名な台南の後壁区を訪れ、品質優良米コンテストで全国1位を取ったこともある米農家の崑濱《クンピン》伯《ポー》（黄崑濱おじさん）に会ったときに言われた言葉だ。地元の人々は、八田與一の残した功績を忘れない。

　八田與一の命日である5月8日は、烏

今も多くの人から信仰を集める「飛虎将軍」。

山頭ダムのある烏山頭水庫風景区内の、ダムをよく見下ろせる場所に置かれた八田與一の銅像と夫妻の墓碑の前で、毎年、墓前祭が行われている。

『パッテンライ～』への出演以来、幾度となく烏山頭ダムを訪れたが、２０１６年５月８日、初めて墓前祭に参加した。

烏山頭水庫風景区は普段は有料だが、この日は無料の開放日となっていた。会場となる八田與一の銅像広場に通じる道の手前では、大型のバスから次々と人が降り立った。タクシーがひっきりなしに坂道を登ってきては乗客をおろしていく。駐車スペース探しに苦労する自家用車も多かった。普段は閑散としているダムが、人であふれ返っていた。

受付には、順番待ちの長蛇の列ができ、白い菊の花が一輪ずつ、スタッフから配られた。列の先には、どこまで続くのかと思うくらい、長い紅白のテントが設営され、白いカバーがかかった椅子が整然と並ぶ。

会場に入ると、銅像と墓碑の周囲は大量の花々で埋め尽くされ、個人からの彩り鮮やかな献花もあった。祭壇にはバナナやパイナップル、スイカ、パパイヤなどが並び、南国の台南らしい甘い香りが漂っていた。

墓前祭は、嘉南農田水利会の主催で開かれている。没後74周年の今年は特別に盛大というわけではなかったらしいが、それでも日本人と台湾人を合わせて、参列者の数は優に３００人を超え、かなりのにぎわいだった。

台湾側は水利会関係者が中心だが、日本側は八田與一の子孫を始め、八田與一の出身地である金沢と縁のある人々や土木関係者、八田與一が乗り込んで撃沈された船を造った日本郵船の関係者など、日本全国から八田與一を慕う人たちが集まっていた。

この墓前祭は、戦後、地元の農民たちと一部の日本人たちが、ひっそりと、八田與一の命日に花を捧げてきたが、徐々に規模が大きくなっている。2008年は、総統就任直前の馬英九が墓前祭に参列した。2011年には、八田與一がダム建設中に家族と暮らした家を復元した八田與一記念公園が完成し、公園前の道も「八田路」と命名された。

　八田與一の家が正確に復元された背後には、日本に留学経験のある女性ランドスケープデザイナー・郭中端《クオチョントワン》さんの存在があった。

　書店で彼女の書いた『護土親水《フーシーチンショイ》』という本をたまたま手に取った。ぱらぱらとページをめくっていくと、八田與一記念公園の修復に関わったことが書いてあった。北投の温泉親水公園や、宜蘭の冬山河親水公園、金瓜石の黄金博物館など、私が「いいな」と思った多くの場所の設計に関係していた。

　早速、郭中端さんに連絡を取った。彼女の事務所は台湾最北端の淡水駅からほど近く、高層ビルの最上階にあり、扉を開けて入れば、プランターの緑と大きな木の机が目に入った。設計事務所にありがちなスタイリッシュで無機質な感じとは真逆の、温もりを感じさせる場所だ。

　郭中端さんは、想像していたよりもず

(上)烏山頭ダムの放水口。八田與一は1942年、フィリピンに向かう輸送船がアメリカ軍の潜水艦に撃沈され悲運の死を遂げた。妻・外代樹は終戦後、後を追うように、夫が造ったダムに身を投げた。それがこの放水口のある場所だ。
(下)烏山頭ダムへの玄関口。広いため、車での来場が便利。

復元されたのは、八田與一が住んでいた建物を含めた計4棟。週替わりで開放されている。

っと小さく、きゃしゃで可愛らしい女性だった。ところが、話し始めると、全身からみなぎるパワーが言葉となって溢れ出てくる、不思議な魅力の持ち主だ。

台湾の淡江大学建築科を卒業した彼女は「あいうえお」だけ覚えて日本の早稲田大学の大学院に入り、建築と都市計画を学んだ。後にランドスケープデザイナーとなり、日本人建築史家の堀込憲二さんと結婚。台湾にて夫婦二人三脚で活躍している。

郭中端さんの両親は中国大陸の福建に生まれ、蒋介石率いる国民党とともに台湾に渡った。父親は公務員ながら、山水画の絵描きでもあった。生家は日本統治時代に建てられた日本人の宿舎で、純和風の造りだったという。家の外には垣根があり、畳の上で兄弟みんなと遊んだこと、蚊帳を吊って寝ていたこと、押し入れを自分の部屋にしていたことなど、幼い頃の記憶は「日本家屋」と深く結びつ

当時を再現するために、八田與一の地元・石川県から贈られた家財道具の数々。

烏山頭ダムや八田與一の解説をして下さる、日本語が堪能なボランティアスタッフの張乃彰(チャンナイチャン)さん。

いていた。

「隣の家に遊びに行くのに、垣根をくぐって行き来していたのよ」

日本語でそう話し、無邪気に彼女は笑い転げた。そんな彼女が、八田與一の家の復元の仕事に携わったのは、運命だったのかもしれない。

郭中端さんが八田與一の家族を含めた関係者に詳細な聞き取り調査を進めると、留学中に知り合った日本の友人が、実は八田與一の外孫であると分かった。寸暇

(右)八田の名前が付けられた八田路。台湾で唯一、日本人の名前が付けられた道路だ。
(下)八田與一の妻・外代樹の銅像。腕に抱きかかえているのは四女の嘉子さん。

を惜しんで図面を起こし、日本と台湾の建築スタッフが力を合わせた。

「自分が育った空間を再現する感じで、楽しくて仕方がなかった」

2015年より台南市親善大使となった私は、八田與一の墓前祭で頼清徳市長の後ろに座ることになった。水利会の会長や市議員、奇美実業の創業者で親日家として知られる許文龍さんなど、そうそうたる顔ぶれに囲まれ、特等席で墓前祭の一部始終を見る機会に恵まれた。

嘉南農田水利会の前広報室長である鐘《チョン》美貞《メイチェン》さんは、「実は、地元の農民の多くは、毎年の命日より大分前から、八田與一のお墓にお花を届けているのよ」と教えてくれた。台南人は74年間にわたり、静かに八田與一に感謝し続けてきたのだ。

八田與一の銅像は、足を前に投げ出して座った状態で、右手を頭の横に寄せ、考え事をしている様子になっている。生前、八田與一が好んだポーズだという。いつもは優雅に一人ゆっくりと、遠くを見つめ、新しいアイディアに思いをめぐらせているのかもしれないが、この日ばかりは、多くの花と人々に囲まれ、照れくさそうに頭をかいているように見えた。

嘉南農田水利会の出している「烏山頭水利文化建設之旅」というパンフレットの1ページ目の写真に目が釘付けになった。水面にぽっかりと開いた巨大な穴に、勢い良く水が吸い込まれている写真だった。

烏山頭ダムは波ひとつ立たない静かな美しい湖面の印象が強く、こんな写真のような激しい風景を見たことがない。嘉南農田水利会に聞くと、

「那是取水口《ナーシーチュイショイコウ》、在小瑞士《ツァイシアオロイシー》（それは取水口で、リトルスイスにあります）！」

という返事をもらった。

烏山頭ダムから車一台がぎりぎり通れる細い道を走り続けること30分。山をほぼ登りきった場所に、ようやく「小瑞士」という道路標識を見つけた。矢印の方向へ進むと、エメラルドグリーンの湖と緑豊かな森が一気に視界に広がった。湖に映り込んだ雲と空は、ため息がでるほど美しく、何枚もシャッターを切った。その湖の一角に、写真に写っていた巨大な穴が開いていた。

静かな湖面に突如現れる穴。神秘的で
不思議な光景だ。

家族で休日を過ごすレジャー施設として
人気の烏山頭ダム。

ここで、烏山頭ダムの仕組みを説明したい。

ダムの主な水源は、上流にある曾文渓。八田與一は、曾文渓に台形の土堰堤（アースダム）を作り、水を貯めた。そこからトンネルを通して水を烏山頭ダムへ流す。なるべく土砂が混ざっていない水をダムへと送るのが大切だ。アースダムが曾文渓の土砂をある程度沈殿させる役割を果たすので、結果、上澄みのきれいな水がトンネルに流れ込み、ダムへ流れつく仕組みとなっている。

あの巨大な穴は、曾文渓から流れ込んだ水を烏山頭ダムへ届ける取水口だったのだ。水の勢いが激しいので雫がたくさん跳ね上がり、ゴーという水音が響いている。

1973年、烏山頭ダムの取水源となっている曾文渓に台湾最大の曾文渓ダムが建設された。このダムの建設計画自体も八田與一によるものだった。

私はお風呂が大好きで一日入れないだけでも気がおかしくなりそうになる。蛇口をひねれば水が出てくるのが当たり前だと思い込んで育ってきた。けれども、100年前までの台南では、人々はいつも水不足で悩まされていた。

「八田與一がいなければ、今の私たちはいない」

これが、嘉南平原に暮らす人々の心の声だと思う。日本人は台湾人に「水」をおくったのだ。高い山々を見ながら、この山々にトンネルを通し、遥か向こう側にある曾文渓の水を引き込もうとした八田與一の執念と、深い洞察力に改めて尊敬の念を抱いた。

西口小瑞士
(リトルスイス)
シーコウシアオロイシー

台南市東山区南勢里南勢庄66号 P6
☎06-686-1968(小瑞士キャンプ場)

烏山頭水庫風景區
ウーシャントウショイクーフォンチンチュイ

台南市官田区嘉南里68-2号 P7
☎06-698-2103
6:00-18:00
八田與一記念公園は9:00-17:30
㊡月
(建物の開放日は週替わりのためHP上で要確認)
http://wusanto.magicnet.com.tw
http://www.siraya-nsa.gov.tw/hatta/jp/

飛虎將軍廟
フェイフーチアンチュンミアオ

台南市安南区大安街730-1号 P7
☎06-247-8884

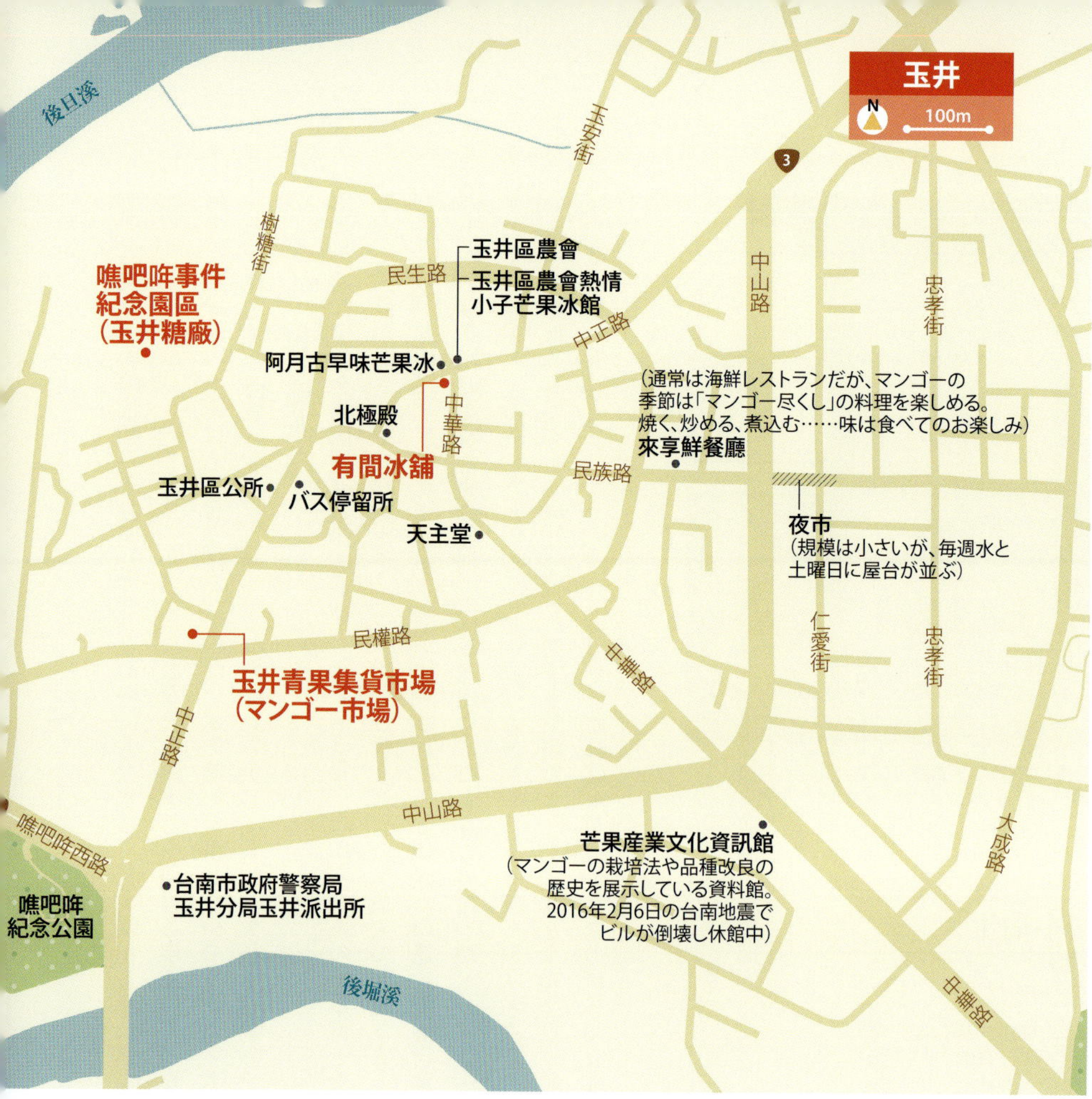

玉井

青果市場

烏山頭ダムより東南に車を30分ほど走らせれば、マンゴーの故郷・玉井《ユイチン》に到着する。毎年5月から10月にかけての収穫期に、台南で採れたマンゴーの大部分が、玉井の中心にある青果市場に集荷されてくる。

最も早く出回るのは、手のひらよりやや小さい緑色の在来種「ローカル・マンゴー（土芒果）」だ。こぶりだが味は濃厚で、マンゴーと言えばこれを思い浮かべる人も少なくない。少し遅れて、日本でも大人気の真っ赤な「アップルマンゴー（愛文芒果）」や黄色の「金煌マンゴー」など、品種改良を経て、より大きくて糖度の高くなったマンゴーが出始める。

どっさりカゴ盛りされた緑、黄、オレンジ、赤のマンゴーが市場いっぱいに広がる景色は圧巻だ。市場のあたり一面が甘酸っぱい香りで満ちあふれる。

市場内にはマンゴーかき氷を食べられる店が並んでいる。台北のマンゴーかき氷に比べ、マンゴーの量は倍、値段は半

青果市場の周囲には、ドライマンゴーやハチミツ、フルーツのシロップ漬けなど、美味しそうなものがたくさん。

分だ。早朝より市場を見学し、ちょっと休憩にマンゴーかき氷がお決まりのコースだ。

ちなみに、市場のマンゴーは何十個も入ったカゴ売りなので、旅行者にとってはハードルが高い。市場周辺には無加糖、無添加のドライマンゴーが品種別に売られている。食べ比べをして、好みの一品をお土産にするのも楽しい。一枚が驚くほど肉厚で大きい。味も濃縮されていて、ドライフルーツの概念を覆すほど立派なものだ。個人的には、「凱特《カイトー》マンゴー」という品種のドライフルーツが、酸味と甘味のバランスがちょうどよく、いつも買って帰っている。

玉井老街

青果市場のやや北側に、歩いて10分ほどで回れてしまう玉井の老街がある。北極殿という廟を目印に、右側に延びる道にはバロックスタイルの建物が軒を連ねている。左側に進めば、マンゴーかき氷店のポップな看板が立ち並ぶ。

特に有名なのは、「有間冰舗《ユーチエンビンプー》」だ。人気メニューは「マンゴー無双」。マンゴーエキスをまるごと凍らせ、削り出す。フレッシュなマンゴーをたっぷりのせ、マンゴーの実が入った濃厚なマンゴーアイスと、熟れる前の酸味の強いローカル・マンゴーのシロップ漬けをトッピングして出てくる。

1人なので小サイズを頼んだが、運ばれてきた大きさにびっくり。2人で充分に楽しめる。練乳はかけ放題。ここのマンゴーかき氷は、サービス、味、量、値段ともに、私のナンバーワンである。

いつも大勢の人でにぎわうマンゴーかき氷の名店「有間冰舗」。
ふわふわのマンゴー雪花氷はここが発祥だとか。

玉井の青果市場にずらりと並ぶマンゴー。色とりどりのマンゴーから芳醇な香りが広がってくる。

噍吧哖（タパニー）事件紀念園區

マンゴーの故郷として知られている玉井にはもう一つの顔がある。１９１５年に起きた、抗日事件「噍吧哖事件」の舞台となったのだ。噍吧哖とは、古くはツォウー族の居住地タパニーに漢字をあてた地名だ。

噍吧哖事件は日本統治以来、最多の犠牲者を出した抗日反乱だった。同時に、漢人が引き起こした日本統治時代最後の大規模武装蜂起事件でもあった。

２０１５年、この事件の一部始終を展示した記念館が、玉井青果市場から北に歩いて５分の場所にある玉井製糖所の中に完成した。

玉井製糖所は、１９１３年に大日本製糖株式会社が開いた。当時、玉井に住む人々の４割が働いていたという。玉井は製糖業でにぎわったが、製糖は１９９２年に停止され、工場は閉鎖。製糖所や宿舎、招待所が噍吧哖事件紀念園區（記念公園）として生まれ変わった。

(上)日本統治時代の製糖所を修復してできた噍吧哖事件紀念園區。
(下)噍吧哖事件の首謀者・余清芳の銅像。記念館には、事件に関する資料がたくさん展示されている。

事件の首謀者は、余清芳《ユイチンファン》という漢人の男だ。台湾総督府の警察官であったが退職し、西来庵という宗教団体に出入りするようになった。布教活動をしながら西来庵を拠点にして武装蜂起を計画したが、仲間が捕まって計画が発覚してしまう。結果、玉井を中心とした台南各地で日本人とのゲリラ戦が繰り広げられたのである。最終的に日本人95名が犠牲となり、事件関係者として逮捕された漢人は1957人に上った。死刑判決を受けた者は866人いたが、世論や特赦により減らされ、最終的に95名の死刑が執行されている。

2014年、ゲリラ戦が行われた新化より3000人分以上の人骨が見つかり、事件の犠牲者ではないかと、検証作業が続けられている。

1930年におきた霧社事件は、台湾映画『セデック・バレ』の題材になり、先住民による抗日事件として日本でも広く知られた。一方、同じ抗日事件でも、噍吧哖事件は日本ではもちろんのこと、台湾でもあまり知られていない。館内には、写真や判決文を含め、多くの証拠品が展示されている。

日本人は覚えておくべき出来事である。

玉井青果集貨市場《ユイチンチンクオチーフオシーチャン》

台南市玉井区中正路27号

有間冰舗《ユーチエンピンプー》

台南市玉井区中正路152号
☎06-574-9360
9:00-20:00 休 無休

噍吧哖事件紀念園區《チアオパーニエンシーチエンチーニエンユアンチュイ》

台南市玉井区樹糖街22号
☎06-574-1025
9:00-17:00 休 火
http://culture.tainan.gov.tw/tapanipark/

台南水道

台南に水をプレゼントしたのは、八田與一だけではない。「台湾水道之父」と呼ばれ、台湾各地で上下水道の整備を行い、衛生環境を大きく向上させた衛生工学技師・浜野弥四郎という日本人がいた。

その昔、台湾は衛生状態が悪く、コレラやマラリア、ペストのような伝染病が蔓延する土地だった。井戸や河川より水をくみ上げて使用していたので、常に感染の危険にさらされていた。

1922年、浜野弥四郎が台南の山上区に「台南水道」を完成させ、当時台南にいた約7万人に上水道が届けられた。多くの人が濾過されたきれいな水を使えるようになり、台南の衛生環境は一気に改善された。

台南水道は1982年に役割を終えたが、当時の施設はほぼそのままの状態で保存されている。緑豊かな敷地に、真紅のレンガ造りの建物が立ち並び、建物内の濾過装置などを見学できる。

「上下水道が整備されて初めて先進国と呼べる」と書かれた本を読んだ記憶がある。100年近く経ったいまでも、台南水道の立派なレンガのバロック式の施設はとても美しい。

建物内に残る浄水設備。

台南水道の敷地内にある浜野弥四郎の銅像。八田與一の大学の先輩でもあり、台湾で一緒に仕事をしていた時期がある。

台南水道

タイナンショイタオ

台南市山上区山上里16号　P7
☎06-578-2811
（見学には台南市政府文化局HPより事前予約が必要）
http://culture.tainan.gov.tw/historic/

歴史を感じさせる、重厚感のある台南水道の建物。

第6章

日本の景色が残った「老街」

台湾の各地に「老街」と呼ばれている場所がある。中国語の読みは「ラオチエ」、台湾語では「ラオゲ」と読む。なんだかお酒の名前みたいだ。私は、お酒は全く飲めないけれども、台湾の老街は大好きである。

字面から想像すると、老人が多く住む街というイメージだが、決してそうではない。古くからの家屋や街並が残り、当時の雰囲気が残っている通りのことを指す。商店街となっているところも多い。

老街は、日本なら、古都と呼ばれるところでよく見かける。京都の祇園町や金沢のひがし茶屋街、岡山の倉敷美観地区などがあてはまるだろう。でも台湾の老街は、日本よりもっと雑多で、パワーが満ちあふれた生活臭のするところが多く、そこがまた楽しい。そして、代々その場所に住み続け、時代の変化とともに生きてきた地元の人が語り部となり、いろんなことを教えてくれるのが、老街歩きのだいご味だ。

台南各地には、かつての「外来政権」によって統治されてきた時代に建てられた建造物が多く残っている。約400年前のオランダ統治時代から、清朝統治時代、日本統治時代と、バリエーションは豊富である。

疲れたら、リノベカフェで一服するのもよい。

修復された新化武徳殿。週末になると、空手や剣道の稽古が行われる。

見事なレリーフが続く新化老街。
新しい看板との比較も楽しい。

新化老街

なかでも、道路の両側に、日本統治時代に建てられたバロック様式の建造物がびっしりと立ち並ぶ「新化老《シンホワラオ》街《チエ》」は、見応えがある。バロック様式は戦前の日本で流行したが、台湾もその流行の影響を受けた。残っているバロック建築も少なくない。

新化老街は、台南から東に約10キロ離れた「新化区」という場所にある。その昔、新化は先住民の平埔族が住む場所で、平埔族の言葉では「大目降」と呼ばれていた。日本統治時代に、新化という名になった。

バスか車で新化まで行くと、約90年前に建てられた日本統治時代の武道館がある。今は「新化武徳殿《シンホワウートーティエン》」と呼ばれ、最近、修復工事が行われた。そこから中正路を北に歩いて行くと、両側に見事なレリーフが施されているバロック建築が軒を連ねる。

わずか300メートルほどの短い距離だが、どの建物も良好な状態で保存されている。多くの老街では、建物は残っていても後継者が見つからず、閉店してしまった店が目立つが、新化老街は、ほとんどがきちんと店を開いているのだ。

建物には「醫院《イーユアン》（病院）」の文字があるのに洋服屋になっていたり、薬屋が飲食店になっていたりと、新旧の看板が一致しない店がほとんどだが、それがまた味わいがあって面白い。

老街を歩くと頭が上向きがちになり、首が疲れる。ほとんどが2階建ての建物で、屋根部分になかなか凝ったレリーフがあるからだ。

北に向かって通りの左手側は主に1920年代、右手側は1930年代に建てられている。左手側のほうが、緻密なレリーフが多く、重厚感があり、同じバロック様式でもかなり趣きが違う。

新化老街は1階が商店、2階部分が住居という造りで、職住一体型の建物がほとんどだ。昔ながらの小吃を売るお店や、金物屋、洋服屋、薬屋、伝統市場があり、観光客も多いが、庶民の生活の場としてもにぎわっている。

老街を通り抜け、さらに北に進んだところに「街役場《チエイーチャン》」の切り文字看板をのせた建物がある。アーチ型の玄関と踊り場を備え、ヨーロッパの劇場を彷彿させる建物は、日本時代の1934年に建てられた。今はおしゃれなレストランとして使われている。

歩く方向が変わると、同じ道でも不思議と見える景色も違う。さっき歩いたときには見落としていた古い精米店に出くわした。いかにも年季の入った店構え。中をのぞくと、店主のおばあちゃんがおもむろに立ち上がり、「いらっし

（上）レストランの内部もステキなので、ぜひ訪れて欲しい。
（左）晉發米穀商店の羅芳さん。日本語での会話が弾み、ついつい長居をしてしまった。

ゃいませ」と、とてもきれいな日本語で挨拶をされた。

おばあちゃんは、5代続く精米店「晉《チン》發米穀商店《ファミークーシャンティエン》」の羅芳《ルオファン》さん。この店は1919年にそれまでの木造平屋から、バロック様式の2階建てに建て替えたという。

「この上の、2階に住んでおります」

今年88歳になる羅芳さんは日本時代からの歴史を持つ有名校である台南女子高級中学を卒業した。当時の教育の様子を、美しい流暢な日本語で語ってくれた。

お店には、開店当初から使い続ける枡や木製の棚、米をひく木製の機具などが現役で使われている。物珍しげに眺めていると、羅芳さんは「量ってお見せしましょうか」と枡を使い、ザーザーと脱穀機にお米をいれてくれた。

カメラを向けると、恥ずかしがりながら首元のスカーフを整え、髪型を直す仕草を見せた。真っ赤なルージュも引き、なかなかオシャレだ。話が盛り上がり、精米店なのに、親戚の家にいるような、穏やかな気分になった。

店主の楊振宗さんが戻ってきた。軽く会釈をしただけで、無言で羅芳さんが計量を実演してくれたお米を米びつに戻し始めた。天真爛漫なおばあちゃんに、しっかりもののおじいちゃん。この名コンビで、このお店は回ってきたのだろう。

新化は台南との往来に便利な場所にあり、古くから交通の要衝として栄えた。台南市から車で20分ほど、半日旅行にぴったりな場所だ。清朝時代から続く商店が、日本時代からの家屋で、いまも商いを続けている。歴史を見守ってきた人と、「日本語という共通言語」で触れ合えるのも、旅人にとって大きなお土産となる。

よく見ると、看板もなかなか手が込んでいる。

新化老街

新化武徳殿
シンホワウートーティエン

台南市新化区和平街53号
9:00-12:00　14:00-17:00　休 月

晉發米穀商店
チンファミークーシャンティエン

台南市新化区中正路439号
☎06-590-7232
6:00-21:00　休 無休

新化街役場
（1934古蹟餐坊）
シンホワチエイーチャン

台南市新化区中正路500号
☎06-590-5599
11:00-22:00　休 月

晉發米穀商店内に並ぶ、台湾各地のおいしいお米。

延平老街（安平老街）

＊地図P9

歴史ある建造物が多く残る延平老街。

台湾で最初にできた「街」が、安平にある「延平老街」だ。行政的には台南市の一部であるが、人々の気持ちのなかでは「独立した場所」。台南市街に住む人たちからしても、「遠い」というイメージがある。

今から約400年前、台南のみならず、台湾の歴史はこの地から始まった。

安平人は自分たちの街に誇りを持っている。安平人が話す台湾語には独特の「安平腔（安平なまり）」があるというが、残念ながら、私はそこまでの違いを聞き取れない。どうやら、語尾がねちっこいらしい。日本の古都だというプライドを持って京都弁を話す京都人に似た感覚だろうか。

延平老街には、オランダ時代、清朝時代、日本時代と、3つの時代にまたがる建造物が立ち並んでいたが、あまりにも細く入り組んだ道路は火事などの緊急時に消防車が通ることもできない。1995年、住民たちの意思で道路拡張を行ったが、同時に老朽化した建物の多くも解体された。

ただ、生き残った店もある。「林永泰《リンヨンタイ》興蜜餞《シンミーチエン》」や「正合興蜜餞《チョンホーシンミーチエン》」といった100年以上続く蜜餞（フルーツの砂糖漬け）の老舗のほか、文具や金物、カバン、洋服、

腸詰め、ドリンクスタンドなど新しいお店も次々と現われた。土日は歩行者天国となり、歩くのが困難なほど観光客でごった返す。

延平老街のメインストリートは延平街だが、オランダ人が造った要塞、安平古堡（ゼーランディア城）の周囲にもお店が集中する。たこ焼きに大判焼きや焼きそば、綿飴もあれば、スーパーボールすくいや射的などもあり、子供から大人まで楽しめる。

安平は、断然裏通りが面白い。木造の日本時代の建物や日本式の洋館があると思えば、彩り鮮やかな三合院では日本製の津田式手押しポンプも現役で使われている。

屋根には個性豊かな「剣獅」が見られる。剣獅とは、清朝時代から伝わる魔除けで、沖縄のシーサーとよく似ている。

人ごみを避ける意味でもいちど歩いてみてほしい。表通りと裏通りのこうした落差を楽しめるのも、400年の歴史を持つ延平老街ならではだ。

ただし、道が迷路のように複雑に入り組んでいるので、私のように方向感覚がない人は、同じ場所を何度も回ってしまう。延平老街一帯は、子供の頃、夏休みに楽しみにしていた神社のお祭りと雰囲気がよく似ている。童心に返って思い切り食べ歩いてみたい気分になれる。

街角で昔から伝わるカラメル作りを教わる子供たち。

フルーツの砂糖漬けの蜜餞。お茶請けに合う。

延平老街

(右のページ下)妙壽宮の横に広がる屋台街。海鮮料理に誰もが大満足。
(左)週末は歩行者天国になる延平老街。台湾各地からの観光客のみならず、外国人にも有名な老街だ。

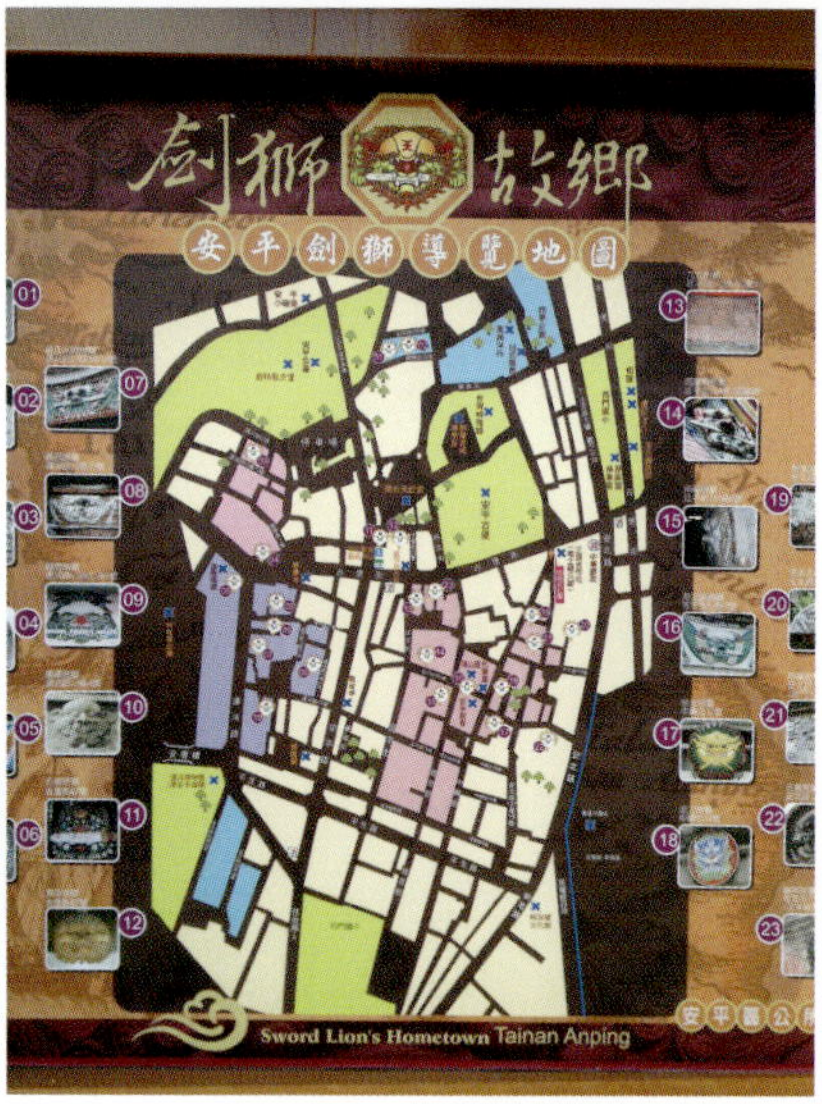
劍獅故鄉
安平劍獅導覽地圖
Sword Lion's Hometown Tainan Anping

1624年に建てられた台湾でいちばん古い城堡「安平古堡(ゼーランディア城)」。展望台に登れば、安平の街を一望できる。

延平老街

安平でひと際目立つ、立派な「安平開台天后宮」。航海の神・媽祖を主神、鄭成功を副神にしている。休日は辺り一帯が出店でにぎわう。

使われなくなった倉庫を覆いつくすように生い茂るガジュマルの木。「安平樹屋」と呼ばれる観光名所だ。

夕遊日式宿舎《シーユールーシースーショー》

台南市安平区安北路233巷1弄12号　P9（拡大図）
☎06-222-6181
9:30-17:30
㊡無休

1917年頃に建てられた台湾製塩株式会社の宿舎。戸建ての日本統治時代の建物が完全に復元され、見学できる。

文章牛肉湯《ウェンチャンニウロウタン》

台南市安平区安平路590号　P9
☎06-228-4626
17:00-翌14:00
㊡月14:00～火10:30
http://winchangbeef.com.tw/big5/

看板メニューの牛肉湯（牛肉スープ）のみでなく、牛筋、牛タン、牛の臓物など、牛の様々な部位を調理し、メニューに出している。牛肉湯に少し飽きたという人には、牛タン葱炒めがお薦めだ。仙台の牛タンなどと違い薄切りだけれど柔らかく、葱の香りがほどよく絡み付く。

陳家蚵捲《チェンチアオーチュワン》

台南市安平区安平路786号　P9（拡大図）
☎06-222-9661
10:00-21:00　㊡無休
http://cjkj.com.tw/about.htm

台湾風牡蠣フライの名店。

林永泰興蜜餞《リンヨンタイシンミーチエン》

台南市安平区延平街84号　P9（拡大図）
☎06-225-9041
11:30-20:30　㊡水
http://www.chycutayshing.com.tw/

正合興蜜餞《チョンホーシンミーチエン》

台南市安平区古堡街47号　P9（拡大図）
☎06-226-8330
9:30-21:00　㊡無休
http://www.succade.tw

古堡蚵仔煎《クーパオオアチアン》

台南市安平区效忠街85号　P9（拡大図）
☎06-228-5358
9:00-19:00　㊡水

牡蠣がふんだんに入った牡蠣オムレツとハマグリのスープがおいしい。

延平老街

周氏蝦捲

（總店）

チョウシーシアチュワン

台南市安平区安平路408-1　P9
☎06-280-1304
10:00-22:00　㊡無休

台湾風海老フライの名店。白北浮水魚羹（白北魚のすりみ団子とろみスープ）や肉燥擔仔麵（肉そぼろダンツー麵）、カラスミなど台南の味が揃う。時間のないときには、ここ一軒で台南の小吃体験を手軽に済ませる手もある。

台南運河

延平老街のある安平区をぐるっと取り囲むように台南西部を流れ、安平港に流れ込んでいるのが台南運河だ。清朝時代はいまの運河よりやや北側に塩水渓から流れ込む支流があったが、土砂の堆積がひどく、次第に船の行き来が困難となった。そこで日本時代の1922年、日本人の土木技師・松本虎太が、新たな運河を設計し、1926年に現在の台南運河が完成した。

安平港と台南市街を結ぶ台南運河。

松本虎太は1879年に生まれ、京都帝国大学の土木工学科を卒業し、1906年に台湾に渡った。基隆市で築港に長年携わり、台湾電力株式会社の社長も務めた。

基隆での業績が評価され、1937年、基隆に「松本虎太記念館」が建てられた。戦後は建物が軍に接収され、現在も軍用地の一部として軍が保有しているが、残念ながら整備されずに放置されている。

かつては貿易船も停泊していた台南運河だが、高雄港が南部の主要港として発展してくると、輸送の需要が少なくなった。それでも、毎年旧暦5月の端午節に行われる「端午節龍舟」（ドラゴンボートレース）は大人気だ。予定では、2017年に観光用の遊覧船が運航される。東京の隅田川のように下町気分を味わえるおつな船旅が、台南観光に加わる。

安平中心部に通じる安平路沿いにはスイーツや小吃のお店がたくさんあり、歩きながらの散策も気持ちいい。橋の上からの夕陽も楽しめる。

薬王廟に登り、神農老街を見下ろせば、
一気にノスタルジックな気分になる。

神農老街

＊地図P10（2–A）

延平老街が日中に楽しむ老街だとしたら、神農老街は日没後に行くべき老街だ。１００年以上の歴史を持つ木造建築が、原型に近い姿で保存され、ライトアップされた姿は抜群に雰囲気があり、とても美しい。

初めて神農老街を訪れたときは、ちょうど旧正月の時期だった。ライトアップに加え、頭上に無数の提灯が飾られ、幻想的な景色に感激させられた。

清朝時代、安平港から、まるで手のひらを広げた５本の指先のように、いまの台南市の中心部へ５本の運河が流れ込んだ。北から新港墘港、佛頭港、南勢港、

南河港、安海港、まとめて「五條港」と呼ばれた。商業運河として舶来品や乾物などを積んだ船が頻繁に行き来し、運河沿いの街は特に貿易商の街としてにぎわった。

神農老街は佛頭港と南勢港の間にある街で、2つの港より多くの船が停泊し、商売が盛んに行われ、遊郭や女郎屋も林立した。両側には、2階なのに、窓とは別に、出入り口のような扉がある。開いていると、そのままストンと地面に落ちそうでとても危険だが、1階の扉は接客専用、2階の扉は荷物の上げ下ろしに使うため、2つの扉があるという。かつて水運の大動脈が走っていた光景が思い浮かんだ。

茜色の夕陽に照らされた神農老街。美しい景色に、多くの人たちが立ち止まって眺めていた。

神農老街

日本統治時代の台南市の地図を開くと、もう五條港の姿は見られない。運河は徐々に土砂が堆積し、船の運航は難しくなり、運河沿いの商店も徐々に活気を失った。

神農老街の名前は、通りの突き当たりにある、医薬の神様「神農」を祀る「薬《ヤオ》王廟《ワンミャオ》」に由来する。一時は空き家だらけになった神農老街だが、数年前からリノベで雑貨店やカフェ、バーに改装され、オシャレな若者が集う人気老街に生まれ変わった。

老街は店の生存競争も激しい。数ヶ月前にあった店が姿を消し、新しい店がオープンしていることも珍しくない。

最近は、完璧な日本語メニューを併記した「金曜日《チンヤオリー》　咖哩《カーリー》専門店《チョワンメンティエン》」というカレー屋が開店した。日本風の本格的なカレーのほか、トンカツや海老フライ、牡蠣フライなど、揚げ物も充実している。試してみたかったが、長い行列で断念した。次回の楽しみにとっておこう。

激しいお店の入れ替わりは寂しくもあるが、訪れるたびに新しい店と巡り会えるのも悪くない。

金曜日 咖哩專門店

チンヤオリー カーリーチョワンメンティエン

台南市中西区神農街93号
☎06-221-8161
🕘11:30-14:00　17:00-21:00　㊡月
f

シンプルな内装のカレー専門店。カウンタースタイルで1人でも気兼ねなく入れる。

太古101

タイクー101

台南市中西区神農街101号
☎06-221-7800
🕘平日13:00-21:00　土日12:00-22:00
㊡無休
f

道路に面した大きなガラス越しの無表情な人形にドキッとさせられる。サンドイッチやワッフル、トルティーヤといった軽食を楽しめるカフェ。

太古 taikoo

タイクー

台南市中西区神農街94号
☎06-221-1053
🕘月～木18:00-2:00　金18:00-3:00
土日16:00-3:00
㊡無休
f

太古101と同系列のお店。ヴィンテージ風の内装が格好いい。食事よりもお酒を楽しむバーとして、オシャレな人たちで深夜までにぎわっている。

無聊郎-懷舊冰品冷飲

ウーリアオランホワイチウピンピンロンイン

台南市中西区神農街108号
☎06-221-8798
13:00-22:00 ㊡無休

昔ながらの製氷機を使い、伝統的な台湾のアイスを作る店。雪淇冰《シュエチーピン》と呼ばれるシャーベットのような食感のアイスが美味しい。

室町丼作食事

シーティンドンツオシーシー

台南市中西区神農街105号
☎06-221-6961
11:30-14:00　17:30-21:00

鰻を一度に3回楽しめる「ひつまぶし」を提供。刺し身や串焼きもあり、気軽に使える和食居酒屋。

神農老街

南方安逸 Do Right Coffee& Green Kitchen

ナンファンアンイー

台南市中西区神農街144号
☎0926-680-660
11:00-22:00 ㊡月、火

バックパッカーとして世界を歩いてきた若いカップルが開いたカレー屋。旅で覚えた味を再現したというスパイスの利いたインドやタイ、ミャンマーのカレーはどれも本格的。世界各国のビールも揃う。

第7章

しょっぱい台南

台湾に長く住む日本人の友人に「台南に面白いところがある」と誘われた。新幹線の台南駅から車で約1時間走ると、突如、真っ白な「ピラミッド」が見えた。ビル10階分くらいの高さはあるだろうか。

巨大な白い山には、登ることができる。ロープの手すりを頼りに登っていくと、踏みしめた白い砂は予想より硬く、ざらついていた。少し手に取ると、結晶のような粒だった。なめてみた。思い切りしょっぱい。山の頂きには、頬杖をつき、頭だけのキューピーが飾られていた。少しこわい。

ピラミッドの正体は、塩の山だった。

台南・七股の珍しい塩のテーマパーク「七股鹽山《チークーイエンシャン》」の塩山の頂上からは、塩田と台湾海峡に繋がる遠浅の海を一望できる。

七股鹽山はかつて、台湾最大の製塩場

足元の塩粒を踏みしめながら登る塩山。オブジェも全て塩で作られている。

だった。台湾の塩業について詳細を記した『臺灣《タイワン》・鹽《イエン》』（交通部観光局雲嘉南濱海国家風景区管理処）には、空撮した七股の写真が掲載されている。賽の目状にきれいに並ぶ塩田と、放射線状の塩田が、かなりの面積で広がっていた。なんと東京ドーム420個分あったという。

塩田は2002年に閉鎖され、残された塩で塩山が作られた。塩を運搬した列車を陳列し、製塩場は観光地となった。

園内の塩田の横には、海水を塩田に引き込む足踏み水車があり、実際に漕ぐこともできる。ラバに乗る体験や、塩を敷き詰めたサーキットを走り抜けるバギーカーもあり、遊園地感覚で訪れる家族連れが多い。

園内のレストランのメニューには、もれなく「塩」の文字がつく。塩たまごに塩蝦、塩サバヒー、塩ミルクティー、塩柚子茶、塩コーヒー。味が心配だったが、どれも意外にも美味しかった。

塩豆花は、豆花の上に小豆がのせられていたが、口に運ぶと、ほんのりとした塩味が広がった。塩大福の感覚だ。悪くない。

近くには「台灣鹽博物館《タイワンイエンボーウコワン》」もある。こちらの建物の形もピラミッド型で、七股鹽山との間ではシャトルバスが運行している。

館内には、台湾の塩業の歴史が展示されている。産業関連の博物館は嫌いではない。普段あたりまえに使っている物について、思いがけない発見があるからだ。ここでも、昔の製塩を再現した人形や写真がわかりやすかった。

七股という面白い地名は、かつて鄭成功が台湾を統治していた時代、福建省より7人の住民が開墾のために移り住んだ

塩を敷き詰めたサーキットでバギーカーを飛ばすのも楽しい。

ことに由来するそうだ。台湾にはほかにも、「八股《パークー》」や「三股《サンクー》」など、「股」の上に数字がつく地名がある。

台湾本島での製塩業は1665年、台南の瀬口塩場（現在の台南市南区で、工業地や住宅となっている）で始まった。台南の沿岸一帯は、海抜が低い。日照が強く、雨期の期間も短かったので、広範囲で天日製塩が発達した。日本統治時代は日本国内の需要をまかなうため、近代製塩方式が持ち込まれ、台湾の製塩は一大産業となった。

なかでも、西洋との貿易港として重要な役割を担ってきた台南の安平は、塩を日本へ輸出する港として栄え、塩で大もうけした人々でにぎわった。

1923年、裕仁皇太子は台湾行啓の際、安平の塩田に行った。天日塩で作られた大きな亀の前で撮った写真が、博物館に飾られていた。

『台南市讀本』でも、塩は安平の重要な産業だと紹介されている。安平を改めて歩いてみると、塩と関連している施設が多いのに気がつく。

（左上）日本の塩との味比べがしたくて、お土産に選んだ「台灣の塩」。
（下）卵に塩をまぶして蒸した卵。ほど良く塩味が染みていた。

七股鹽山
チークーイエンシャン

台南市七股区鹽埕里66号　P7
☎06-780-0511
夏（3-10月）9:00-18:00　冬（11-2月）8:30-17:30
休 無休
http://cigu.tybio.com.tw/

台灣鹽博物館
タイワンイエンポーウーコワン

台南市七股区鹽埕里69号　P7
☎06-780-0698
9:00-17:00
休 無休

台南市内から少し距離はあるものの、多くの人が訪れる人気の観光スポット。

「塩」に関係する場所が他にもあるので行ってみよう」と、友人が車を走らせた。

七股から北に1時間弱。年代を感じさせるレンガの平屋が数軒立ち並び、ここにも、「井仔腳瓦盤鹽田《チンツァイチアオワーパンイエンティエン》」と書かれた塩のピラミッドがあった。その先には、塩田が広がっている。

塩田はきれいに区画分けされ、一つの区画に一つずつ、小さな塩山が出来てい

天秤の担ぎ方を教えてもらった。格好だけは一人前だが、予想以上の塩の重さに、フラフラしてなかなかうまく担げない。

る。おとぎ話の光景のようにも見える。

ここの塩田では、田んぼの底に割った瓦の破片を敷き詰めて海水を張り、天日塩を作っている。太陽の光が、海水の底の瓦に反射して、キラキラ光っていた。整然と並ぶ塩山が、不思議と荘厳な景色に見えてくる。

実際に塩田に降りて、天秤棒で塩を運んだり、トンボで塩をかき集めたりすることができる。

私も、裸足で塩田に入ってみた。

写真で見たことがある天秤棒担ぎのおばさんは、簡単にひょいひょいと歩いているように見えたが、とんでもない。ザル半分にもならない量の塩を載せただけで、かなりの重さだ。

よたよたと歩いていると、スタッフのおじさんが何かを手に近づいてきて、「この上着に袖を通し、笠を被ってごらん」とすすめてきた。

私は昭和顔のせいか、昔からもんぺやほっかぶりがよく似合う。あまり嬉しくないが、舞台でおさげ髪の戦争中の女学生を演じたときは、絶賛された。ここでも、おじさんから渡された衣装を身につ

裸足で塩田に入り、塩をかき集める体験もしてみた。
気がつくと、楽しくて夢中になっていた。

けて天秤を担いだら、観光客が集まり始め、レンズを向けられた。

衣装を貸してくれたおじさんは、以前製塩場で働いており、現在はここを管理しながら、観光客に解説を行っている。

「昔の塩はおいしかった」

おもむろに、足元の塩をひと摑みして手のひらに載せてくれた。

天日干しの塩は天然塩に分類され、結晶が大きいのが特徴だ。水分を含み、泥が入り込んでいる場合もあるが、海水のミネラル成分を含むので、カリウムの酸味やマグネシウムの強い苦みなどが混ざり合い、特有のまろやかさと深いコクを味わえる。少し口に含むと、ただ塩辛いだけでなく、微妙でふくよかな味がした。

スーパーなどで売られている普通の塩のほとんどは、精製された塩だ。天日塩を精製し、ミネラル分を取り除いたものなので、ほとんどがナトリウム成分となっている。そのため、たんに塩辛く、直線的な味で深みがない。

料理をしているとき、ひとつまみの塩を入れることで、ぐっと味が引き締まる。これから台南の天然塩を使ってみよう。

太陽の沈む時間が近づく。塩田の水面に夕陽と塩山が映り込む。逆さ富士のように美しい。幻想的な風景が広がった。いつの間にか、塩田の端には無数の三脚が立ち並び、カメラを覗き込む人でいっぱいになっていた。

井仔脚瓦盤鹽田は、フォトジェニックな写真が撮れる絶好のスポットとして、海外からのカメラマンにも広く知られている。

「塩」だけで、たっぷり遊んだ一日となった。

1年365日の日別のカラーソルト入りキーホルダーは人気のお土産グッズ。自分の誕生日のものを選んで身につけていると厄除け効果があるとか……。

たっぷりの塩をすり込まれ、日差しを浴びた台南名物の虱目魚(サバヒー)の干物。

美しい夕陽の写真を撮れることで有名。ベストポジションを探す、香港や中国からわざわざ来ている人もたくさん見かけた。

北門井仔腳瓦盤鹽田

ペイメンチンツァイチアオワーパンイエンティエン

台南市北門区永華里西南郊 P7
☎06-786-1629
9:00-18:00(ショップのみ。塩田は24時間開放)
㊡無休

シャッターを押す指を休めて見入ってしまうくらい、塩田に映り込む夕陽は幻想的。

八角樓
門迎百福福星照
新春迎祥賜平安
吉年增福添富貴

大量のロケット花火を1本ずつ挿して出来上がった巨大なオブジェ。点火すると、縦横無尽にロケット花火が発射され、台湾一危険なお祭りとなる。

鹽水老街

井仔腳瓦盤鹽田から東へ車で約20分のところに「鹽水《イエンショイ》」という街がある。内陸地なのに「塩水」を意味する鹽水と呼ばれるのはなぜだろうか。

鹽水には三日月の形をした「月津港《ユエチンカン》」がある。清朝の頃、貿易港として台湾で最も栄えた4つの港町のうちの一つだった。港には、その昔、嘉南平原の西北に存在していた潟湖より、塩分の多い水が流れ込んだので、「鹽水」という地名が定着したという。

港は泥砂堆積が進み、船の出入りが難しくなったが、1903年、台湾の4大製糖会社の一つである鹽水港製糖会社が設立され、製糖で再び発展を遂げた。

1909年には、縦貫鉄道の停車駅である新営と鹽水間に鹽水港製糖の輸送のため鉄道が敷かれ、街はますます潤った。台湾で初めて貨物輸送と旅客の運送の両方を担い、いまは役割を終えた駅舎と軌道がまだ残されている。

現在、鹽水は台湾一危険なロケット花火を使う元宵節のお祭り「鹽水蜂炮《イエンショイフォンパオ》」が行われる街として名を馳せている。毎年、旧正月後の最初の満月にあたる元宵節には、人口2万5000人ほどの静かな街に、外地から30万人以上もの人が訪れ、夜通しでロケット花火が飛び交う。

南北に伸びる中正路と東西に走る中山路の交差点を中心にした一帯が、「鹽水《イエンショイ》老街《ラオチエ》」となっている。

街のシンボルは、1847年、砂糖で財を成した葉開鴻《イエカイホン》が建てた「鹽水八《イエンショイパー》角樓《チアオロウ》」だ。八角形の屋根をした楼閣は、釘を一本も使っていない。

1895年、伏見宮貞愛親王が率いる日本軍が鹽水港を攻めた際、ここを拠点として指揮を執ったので、敷地内には「伏見宮貞愛親王御遺跡鹽水港御舎営所」の石碑が建っている。

(上)ロケット花火から身を守るため、フルフェイスのヘルメットを被り、長袖長ズボンでお祭りを楽しむ人たち。
(下)ロケット花火が体に当たるほど、厄落としの効果があると信じられている。

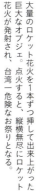

鹽水では、八角楼すぐ横の「銀鋒冰《インフォンピン》果室《クオシー》」でスイカレモンジュースを飲むことと、鹽水の名物「鹽水意麵《イエンショイイーミエン》」を食べるのが楽しみだ。

意麵とは、水を使わずに、小麦粉に卵を混ぜて作る平打ち縮れ麵のことで、鹽水意麵は特にコシがあって美味しい。麵の上に肉そぼろと少しの野菜を載せる素朴な一品だが、煮卵トッピングでお腹一杯になる。

老街の中心には、真っ黒な羊羹のように細長い日本式の建物がある。映画館「永成戲院《ヨンチョンシーユアン》」だ。元は1942年にできた精米工場だったが、戦争末期、建物の3分の1が破壊され、戦後、残った部分が映画館になった。

阿三意麵
アーサンイーミエン

台南市鹽水区中山路と康楽路に建つ「鹽水観光美食城」内
☎06-652-6750
🕗7:30-18:00

鹽水八角楼
イエンショイパーチアオロウ

台南市鹽水区中山路4巷1号
☎06-652-2202
🕗8:00-18:00

鹽水車站
イエンショイフオチョーチャン

台南市鹽水区治水路

台湾初の糖業旅客鉄道の駅として1909年に完成。いまは廃駅となっている。

永成戲院
ヨンチョンシーユアン

台南市鹽水区水正里過港21号
☎06-652-2198
🕗水～金13:30-17:30　土日9:30-17:30
㊡月、火

銀鋒冰果室
インフォンピンクオシー

台南市鹽水区中山路1号
☎06-652-2202
🕗8:00-23:00

行列が絶えない銀鋒冰果室。スイカと皮付きレモンをミキサーにかけ、特製のアイスと混ぜ合わせた看板商品「西瓜檸檬汁(シークワアニンモンチー)」は、何杯飲んでも飽きない。

街中でよく見かける名物・意麵の看板。汁なしの乾意麵(カンイーミエン)もおすすめだ。

阿三意麵の汁ありの湯意麵(タンイーミエン)。コシのある縮れ麵がたまらない。

リノベされた永成戲院で映画を楽しむ人々。この日は懐かしい昔の台湾映画が上映されていた。

　１９９０年代初めに閉館し、長い間放置されてきたが、２０１２年にリノベが完成し、現在は無料で開放されている。
　受付では初代館長の息子である黄怡祿《ホワンイールー》さんが笑顔で出迎えてくれる。昔の真空管アンプや映写機を紹介しながら、無料上映中の台湾映画を見るよう勧められた。建物も椅子も70年以上の歴史を持つ紅檜造。食事の後のひと休みに最高かもしれない。

鹽水老街のシンボルとなっている八角樓。1階がレンガ、2階は木造で、随所に精緻を極めた細工が施されている。

台南お役立ち情報

交通

■飛行機(直行便)
関西国際空港⇔台南空港をチャイナエアラインが運航
https://www.china-airlines.com/jp/jp

[台北経由の場合]
■新幹線(台湾高速鉄道／略称:高鉄)
台北駅～台南駅　約2時間
＊新幹線の台南駅から台南市内までは台鉄・沙崙線で約25分／タクシーで約20分

■在来線(台湾鉄路管理局／略称:台鉄)
台北駅～台南駅　約4時間10分

■バス(公車)
台北バスステーションから統聯バス(U Bus)、和欣バス(HoHsin Bus)など数社が運行　約4時間20分

インフォメーションセンター

台南観光インフォメーションセンターが台鉄の台南駅前にあり、地図やパンフレットなど一通り入手できる。

レンタサイクル事情

台南市内と安平を回るなら、自転車が断然便利だ。レンタサイクル付きのホテルを選ぶのがいい。また、台南市独自のレンタサイクルシステムT-Bikeも導入され、1日最高100元で借りることができる（レンタルステーションは順次増設予定）。http://tbike.tainan.gov.tw/

Wi-Fi事情

台南では公共交通機関など各地に無料Wi-Fiが整備されており、ホテルは小さなところでも無料Wi-Fiを完備しているところが多い。また、外国人観光客向け無料Wi-Fiサービス「iTaiwan（愛台湾）」は、駅のインフォメーションセンターなどでパスポートを提示すれば、IDとパスワードがもらえる。HPで事前登録も可能だ（http://itaiwan.taiwan.net.tw）。
それでも心配な人や常時スマホやパソコンを使いたい人は、出発前の日本の空港で4Gや3Gの通信端末をレンタルするといい。SIMフリー携帯を持っている人は、期間限定のSIMカードを台湾の空港で購入するのが値段も安くておすすめ。台湾で頻繁に電話をかけたい人は日本の空港で携帯をレンタルできる。

タクシー事情

高鉄や台鉄の駅にはタクシー乗り場があるので心配ないが、台南市内で流しのタクシーはあまり走っていない。ホテルで呼んでもらうのが無難。チャーターは4時間以上が基本。市内で1時間約450台湾ドル、郊外へ行く場合は約500台湾ドル。回る場所を事前に運転手に伝え、人数や時間に合わせて値段交渉をするのがよい。

■成功タクシー　06-274-9999
（片言の日本語を話せるオペレータがいる）
■臺灣大車隊タクシー　携帯から直通55688
■大都會タクシー　携帯から直通55178 又は 06-209-222

役に立つアプリ

日本語対応のものはほとんどないが、移動や観光の参考にしてほしい。

iBus_公路客運
台湾全土のバス路線を探せる。料金や運行状況もわかるので便利。

大台南公車
台南市内と郊外を走るバス路線を探せる。バスの現在位置も表示される。無料で配布している台南バス全土マップと併せて使うのがおすすめ。

Transit TW
台湾版「ナビタイム」。台北、高雄の地下鉄と台鉄の乗り換え検索ができる。路線図が表示されるので見やすい。

T-EX行動購票
高鉄のチケット予約。外国人でもパスポート番号で予約可能。

台鐵e訂通
台鉄のチケット予約。鉄道運行にイレギュラーが生じた際にもお知らせがくる。

雙鐵時刻表
高鉄と台鉄の両方を調べられる。高鉄と台鉄を乗り継ぐ場合に便利。

Easy Wallet
台湾のICカードを5枚まで登録可能。悠遊カード(EasyCard)の利用履歴などを確認できる。旅の記録を残したい人向き。

台南旅行(日本語)
台南のグルメ、宿泊施設、観光名所などを案内してくれる。レンタサイクルT-Bikeの情報もある。

Tainan Tour(日本語)
台南の観光名所(特に古跡)に特化している。

巷弄X臺南　找美食尋優惠必備神器
台南のグルメ探しに特化している。割引クーポンあり。

＊本書は書き下ろしです。記載の情報は2016年10月時点のものです。最新情報はHP等でご確認ください。

■企画協力
野嶋剛　郭國文

■編集協力
臺南市政府文化局
（Cultural Affairs Bureau,Tainan City Government）

■ブックデザイン
大野リサ

■写真撮影
青木登（新潮社写真部）　一青妙

■写真提供（掲載頁順）
謝文侃、鹿角枝、窩樹林、秘氏咖啡、老林居、豐發黑輪、仙波理、
高耀威、台湾影像図庫網、呉馥旬、陳信安、財団法人台南市文化基金会、
張良澤、台湾交通部観光局西拉雅国家風景区管理処、
台湾嘉南農田水利会、今井さき、小森利恵、南方安逸

■地図
網谷貴博（atelier PLAN）

■シンボルマーク
nakaban

とんぼの本

台南《たいなん》　「日本《にっぽん》」に出《で》会《あ》える街《まち》

発行　2016年10月30日
２刷　2025年３月５日

著者　一青妙《ひととたえ》
発行者　佐藤隆信
発行所　株式会社新潮社
住所　〒162-8711　東京都新宿区矢来町71
電話　編集部 03-3266-5381
　　　読者係 03-3266-5111
ホームページ　https://www.shinchosha.co.jp/tonbo/
印刷所　大日本印刷株式会社
製本所　加藤製本株式会社
カバー印刷所　錦明印刷株式会社

ISBN978-4-10-602271-5 C0326